情感教育与初中班主任工作

王富宝　著

北京燕山出版社

BEIJING YANSHAN PRESS

图书在版编目（CIP）数据

情感教育与初中班主任工作 / 王富宝著. -- 北京 ：
北京燕山出版社，2024.4
ISBN 978-7-5402-7234-0

Ⅰ. ①情… Ⅱ. ①王… Ⅲ. ①情感教育-教学研究-
初中②初中-班主任工作-研究 Ⅳ. ①G444②G635.16

中国国家版本馆 CIP 数据核字(2024)第 049311 号

情感教育与初中班主任工作

著　　者	王富宝	
责任编辑	李　涛	
封面设计	刊　易	
出版发行	北京燕山出版社有限公司	
地　　址	北京市西城区椿树街道琉璃厂西街 20 号	
电　　话	010-65240430	
邮　　编	100052	
印　　刷	明玺印务（廊坊）有限公司	
开　　本	710mmx1000mm　　1/16	
字　　数	175 千字	
印　　张	11	
版　　次	2025 年 3 月第 1 版	
印　　次	2025 年 3 月第 1 次印刷	
定　　价	80.00 元	

前　言

　　随着社会的快速发展和教育改革的深入推进，情感教育逐渐成为初中教育的重要组成部分。初中阶段是学生身心发展的重要时期，情感教育对于学生的健康成长具有不可替代的作用。因此，将情感教育与班主任工作相结合，不仅有助于提高学生的情感素质，还有助于促进学生的全面发展。

　　本书旨在探讨情感教育与初中班主任工作的关系及其在实际工作中的运用。通过对情感教育理论和实践的深入研究，结合初中班主任工作的实际情况，以期为初中班主任提供情感教育的理论指导和实践策略，帮助他们更好地开展情感教育工作，促进学生的健康成长。

　　本书共分为八章，具体内容如下：

　　第一章为情感教育理论，在阐述情感教育概念的基础上，分析了情感教育的理论基础，探讨了情感智力的培养；

　　第二章为初中班主任角色与职责，在对初中班主任的定义和职责进行简要概述的基础上，进一步明确了初中班主任在情感教育中的重要性和职责，同时也探讨了班主任在情感教育中所面临的挑战；

　　第三章为情感教育的组织与实施，详细介绍了情感教育的课程设计、教学方法和资源整合等方面的内容，为初中班主任提供了具体可行的实施策略；

　　第四章为情感教育与学生成长，介绍了情感教育对学生成长的影响，探讨了情感教育与学生自我意识培养的关系，以及如何通过情感教育帮助学生建立积极的人际关系；

　　第五章为情感教育与师生关系建立，分析了情感教育对师生关系的影响，探讨了班主任在情感教育中如何进行师德建设，以及如何建立积极健康的师生关系；

第六章为情感教育与家校合作，强调了家庭在情感教育中的作用，以及班主任与家长之间的沟通与合作的重要性。本章还介绍了家校共育的实践与策略，包括如何促进家庭与学校之间的合作，共同为学生的成长提供良好的环境；

第七章为情感教育中的常见问题与挑战，针对情感教育中可能出现的问题和困难，提出了相应的解决方案和发展建议；

第八章为情感教育与初中班主任工作的未来展望，对情感教育的未来发展趋势以及初中班主任工作的发展方向进行了展望，同时提出了对情感教育与初中班主任工作的思考和建议。

本书由王富宝执笔撰写，由于时间仓促，加之水平有限，难免存在纰漏之处，恳请读者提出宝贵意见。

目　录

第一章　情感教育理论

第一节　情感教育的概念

一、情感教育的定义与内涵

（一）定义

情感教育是指通过一系列有计划、有目的的教育活动，引导学生认识、理解、表达和管理自己的情感，以及与他人建立健康、和谐的情感关系的过程。

（二）内涵

情感教育的内涵包括以下几个方面。

情感认知：帮助学生认识和理解自己的情感，以及他人的情感，培养情感敏感性和同理心。

情感表达：引导学生学会以适当的方式表达自己的情感，提高情感沟通能力。

情感管理：培养学生管理和调节自己情感的能力，面对挫折和困难时能够保持积极乐观的态度。

情感关系建立：帮助学生建立良好的人际关系，学会尊重、理解、关心和帮助他人，形成健康和谐的情感关系。

二、情感教育的目标与意义

（一）情感教育的目标

情感教育的目标具有多元性和综合性，旨在通过系统的教育活动，达到以下具体目标。

1.培养学生的情感素质

情感素质是指个体在情感方面所具备的稳定特征和品质。通过情感教育，我们期望学生能够发展出积极、健康的情感品质。这包括提高学生的情感认知能力，使他们能够准确地识别和理解自己及他人的情感；增强学生的情感表达能力，使他们能够以适当的方式表达自己的情感，并与他人进行有效的情感沟通；培养学生的情感管理能力，使他们能够调控自己的情绪，面对挫折和困难时能够保持积极乐观的态度。

2.促进学生的心理健康

心理健康是个体在心理方面保持的一种良好状态。情感教育通过关注学生的心理状态和提供必要的心理支持与辅导，有助于缓解学生的心理压力，预防其心理问题的发生。同时，情感教育还通过培养学生的心理素质和抗逆能力，帮助他们更好地应对生活中的挑战和压力，从而提高学生的心理健康水平。

3.增强学生的社会适应能力

社会适应能力是指个体在社会生活中与他人建立良好关系、适应社会环境的能力。通过情感教育，我们希望帮助学生掌握社会交往的规则和技巧，建立良好的人际关系；培养学生的合作精神和团队意识，使他们能够在集体中发挥自己的作用；提高学生的社会责任感和公民意识，使他们能够积极参与社会活动，为社会作出贡献。

4.培养学生的道德品质

道德品质是指个体在道德方面所具备的稳定特征和品质。情感教育通过引导学生树立正确的价值观和道德观念，培养他们的道德意识和社会责任感；通过实践活动和道德讨论等方式，提高学生的道德判断能力和行为选择能力；通过榜样示范和激励机制等手段，塑造学生的良好品德和行为习惯。

（二）情感教育的意义

在初中阶段实施情感教育具有深远的意义和价值。具体来说，情感教育在初中阶段的意义表现在以下几个方面。

1.促进学生的全面发展

初中阶段是学生身心发展的关键时期。在这个阶段实施情感教育可以关注学生的情感需求和心理状态,促进学生的全面发展。这包括学生的认知、情感、意志、行为等各个方面的发展。通过情感教育,可以帮助学生建立积极的人生态度和价值观,培养他们的创新精神和实践能力,提高他们的综合素质和竞争力。

2.增强学生的学习兴趣和动力

初中阶段学生的学习压力较大且面临升学压力。在这个阶段实施情感教育可以激发学生的学习兴趣和内在动力,帮助他们缓解学习压力。通过关注学生的情感需求和心理状态,教师可以了解学生的学习困难和挑战,从而采取有针对性的教学措施,提高学生的学习效果和学习成绩。同时,情感教育还可以通过丰富多彩的活动和课程,激发学生的学习兴趣和好奇心,培养他们的自主学习能力和终身学习的意识。

3.培养学生的创新能力和创造力

创新能力和创造力是未来社会所需的重要素质之一。通过情感教育,可以培养学生的创新思维和创造力,提高他们的创新意识和实践能力。这包括:鼓励学生敢于尝试、敢于失败,培养他们的冒险精神和创新精神;提供多样化的学习和实践机会,让学生在实践中探索和创新;鼓励学生发挥自己的想象力和创造力,培养他们的艺术素养和审美情趣。

4.增进师生间的相互理解和信任

初中阶段是学生与老师建立信任关系的关键时期。在这个阶段实施情感教育可以增进师生间的相互理解和信任,建立良好的师生关系。这包括:教师可以通过了解学生的情感需求和心理状态关注学生的成长和发展,赢得学生的信任和尊重;同时学生也可以通过与老师的交流和沟通了解老师的教学理念和期望,与老师建立积极的合作关系。这种良好的师生关系可以为教育教学工作的顺利开展提供保障,促进教育质量的提高。

5.推动教育改革和发展

随着社会的不断发展和进步,教育改革和发展也在不断深入。在这个阶段实施情感教育可以推动教育的改革和发展,提高教育质量和效益。这包括:促进教育观念的更新和教育方法的改进,使教育更加符合学生的身心发展需求和社会发展的需要;推动教育评价体系的改革和完善,使评价更加全面、客观、公正反映学生的综合素质和表现；促进教育资源的优化配置和利用，提高教育资源的利用效率和效益。

三、情感教育与认知教育的关系

（一）相辅相成：情感与认知的互促共进

情感教育和认知教育是学生成长过程中的两个重要方面，二者相辅相成，共同促进学生的全面发展。情感教育关注学生的情感需求、情感表达和情感体验，旨在培养学生的情感素质，使其具备健康的情感态度和情感技能。而认知教育则侧重于学生的认知能力、思维方式和知识体系的构建，旨在提高学生的智力水平和学术成就。

在学生的成长过程中，情感和认知是相互作用的。健康的情感状态有助于学生形成积极的学习态度和良好的学习习惯，提高学生的学习效率和学习成果。同时，学生的认知能力也会影响其情感状态，具备较高认知能力的学生更容易理解和处理复杂的情感问题，形成健康的情感态度。

因此，情感教育和认知教育应相互补充、相互促进，共同作用于学生的成长过程。班主任在工作中应注重情感教育和认知教育的结合，既要关注学生的认知发展，也要重视学生的情感需求；通过情感教育促进学生的认知发展，同时通过认知教育提升学生的情感素质。

（二）相互渗透：情感因素在认知过程中的作用

情感因素在学生的认知过程中起着重要的作用。学生的学习活动不仅是一个认知过程，也是一个情感过程。在学习过程中，学生的情感状态会直接影响其认知活动的效果。积极的情感状态有助于学生保持注意力集中、思维活跃，提高学习效率和记忆力。相反，消极的情感状态可能导致学生注意力不集中、思维迟缓，影响学习效果。

因此，班主任在工作中应注重情感因素在认知过程中的作用，关注学生的情感状态，及时发现和解决学生的情感问题。同时，班主任还应通过情感教育培养学生的积极情感品质，如自信、乐观、坚韧等，提高学生的情感自我调节能力，使学生在学习过程中保持积极的情感状态。

（三）协同育人：情感教育与认知教育的整合实践

协同育人是当今教育的重要理念之一，强调学校、家庭和社会等各方力量的协同合作，共同促进学生的全面发展。在协同育人的实践中，情感教育与认知教育的整合是一个重要的方面。通过将情感教育与认知教育相结合，可以更有效地促进学生的全面发展。

具体而言，班主任在工作中可以采取以下措施实现情感教育与认知教育的整合实践：一是制订综合性的教育计划，将情感教育和认知教育纳入其中，确保二者在实践中得到有效实施；二是采用多元化的教学方法和手段，如情境教学、角色扮演、小组合作等，激发学生的学习兴趣和情感共鸣；三是加强与学生的沟通和交流，关注学生的情感需求和认知发展，及时提供个性化的指导和帮助；四是积极与家长合作，共同关注学生的情感和认知发展，形成家校共育的良好氛围。

（四）挑战与应对：情感教育与认知教育的平衡与发展

虽然情感教育与认知教育在学生的成长过程中具有重要作用，但在实践中也面临一些挑战。例如，在应试教育的影响下，部分学校和家长可能更关注学生的认知成绩而忽视情感教育；同时，由于学生个体差异的存在，不同学生在情感和认知方面的需求和发展水平也可能存在差异。

为了应对这些挑战并推动情感教育与认知教育的平衡与发展，班主任可以采取以下措施：一是树立正确的教育理念，充分认识到情感教育和认知教育在学生全面发展中的重要性；二是加强自身的专业素养培训和学习，提升自己在情感教育和认知教育方面的能力；三是积极与学校领导、同事和家长沟通合作，争取更多的支持和资源，共同推动学生的全面发展；四是关注个体差异，尊重每个学生的独特性，采取个性化的教育策略满足不同学生的需求。

第二节　情感教育的理论基础

情感教育在当今的教育环境中扮演着越来越重要的角色。作为初中班主任，面对正处于青春期的学生，如何更好地实施情感教育，促进学生全面发展，是一项重大而紧迫的任务。下面将从心理学、教育学、社会学和神经科学四个维度，探讨情感教育的理论基础及其在初中班主任工作中的应用。

一、心理学基础：情感与认知的相互作用

（一）情感对认知的影响

情感是人类主观体验的核心部分，与我们的日常生活紧密相连。情感不仅仅是我们对外部世界的一种反应；更是一种内部驱动力，深刻地影响着我们的思维、决策和行为。在心理学的视角下，情感与认知之间存在着复杂而微妙的相互作用。

首先，情感可以影响我们的注意力。当我们处于某种情感状态时，我们往往会更加关注与这种情感相关的事物。例如，当我们感到快乐时，我们可能会更加关注积极、乐观的信息；而当我们感到悲伤时，我们可能会更加关注消极、悲观的信息。这种情感对注意力的影响往往令我们对周围世界的感知和理解产生波动。

其次，情感还可以影响我们的记忆。研究表明，与情感相关的事件往往更容易被记住。这是因为情感可以激发大脑中的奖赏系统，使我们对某些事件产生更深的印象。此外，强烈的情感体验还可以促进记忆的巩固和长期存储。因此，情感在我们的记忆过程中起着重要的作用。

最后，情感还可以影响我们的决策和判断。当我们处于某种情感状态时，我们可能会倾向于作出与这种情感相符的决策。例如，当我们感到愤怒时，我们可能会倾向于采取攻击性的行动；而当我们感到恐惧时，我们可能会倾向于避免风险。这种情感对决策的影响可能是非理性的，但它反映了情感在我们决策过程中的重要作用。

（二）认知对情感的调节

虽然情感可以深刻地影响我们的认知过程，但认知本身也具有调节情感的能力。通过改变对事物的看法和评价，我们可以调整自己的情感反应，从而更好地应对生活中的挑战和压力。

首先，认知重构是一种有效的情感调节策略。当面对困难或挫折时，通过重新评价和理解这些事件，我们可以改变自己的情感反应。例如，将失败视为学习和成长的机会，而不是个人能力的缺陷，可以减轻消极情感的影响，并激发积极的行动意愿。

其次，认知控制也是情感调节的重要手段。通过有意识地控制自己的思维过程，我们可以避免被消极情感所主导。例如，在面对压力或焦虑时，通过专注于当下的呼吸、身体感觉或环境细节等认知策略，我们可以转移注意力并缓解紧张情绪。

再次，认知灵活性也有助于情感的调节。具备认知灵活性的人能够根据不同的情境和需求灵活地调整自己的思维方式和行为策略。这种灵活性可以帮助我们更好地适应变化的环境和情境，从而减轻不必要的情感困扰和压力。

最后，认知治疗中的一些技术也可以用于情感调节。例如，通过识别和纠正自动负性思维（ANTs）或学习如何以更积极的方式解释和应对生活中的事件，我们可以改变自己的情感反应模式并增强心理韧性。

（三）情感与记忆的关联

情感与记忆是人类心理活动中两个紧密相连的方面。它们之间的关系复杂而微妙，相互影响并共同塑造着我们的心理体验和行为表现。在神经科学和心理学的研究中，情感与记忆的关联是一个备受关注的话题。这种关联不仅揭示了人类心理活动的基本机制，还对教育、心理治疗和日常生活等方面有着重要的实践意义。

首先，带有强烈情感的事件往往更容易被记住。这是因为情感可以激发大脑中的奖赏系统，使我们对某些事件产生更深的印象。同时，强烈的情感体验还可以促进记忆的巩固和长期存储。例如，当我们经历一次令人兴奋或令人恐惧的事件时，这些事件往往会在我们的记忆中留下深刻的印象，甚至多年以后仍然能够清晰回忆起来。

其次，情感还可以影响我们的记忆加工方式。研究表明，积极的情感可以促进记忆的提取和加工，使我们更容易回忆起与积极情感相关的事件和细节；而消极的情感则可能干扰记忆过程，使我们难以回忆起与消极情感相关的事件和细节。这种情感对记忆加工方式的影响可能与大脑中的神经递质和荷尔蒙等物质的调节作用有关。

最后，情感和记忆之间的关联还表现在一些特殊的记忆现象中，如闪光灯记忆和自传体记忆等。闪光灯记忆是指人们对某些重大事件（如地震、恐怖袭击等）的详细而持久的记忆，这些事件往往伴随着强烈的情感体验。而自传体记忆则是指人们对自己个人生活经历的记忆，这些记忆也往往与特定的情感状态相关联，如幸福、悲伤等。这些特殊的记忆现象表明，情感和记忆之间的关联不仅局限于一般的事件和经历，还涉及个人生活的重要方面和情感体验的深刻影响。

（四）情感与决策的关联

情感在决策过程中起着重要的作用。它们不仅影响我们如何评估不同的选择，而且还直接影响我们的行为倾向和决策结果。

首先，情感可以为我们提供快速且自动的评估机制，帮助我们迅速做出决策。例如，当我们面对威胁时，恐惧的情感会促使我们立即采取行动以保护自己，这种即时的反应可能比我们进行深思熟虑后的决策更为有效。相反，积极的情感如兴奋或乐观可能会鼓励我们尝试新的方法或接受更大的风险，因为它们激发了我们的好奇心和探索欲望。

其次，不同的情感状态可能会导致我们在决策时采用不同的策略或偏好。例如，当感到快乐或满足时，我们可能更倾向于选择保守的策略，因为我们希望保持当前的良好状态；而当感到沮丧或不满时，我们可能更愿意尝试改变现状，选择更具风险但也可能带来更大回报的选项。这种情感驱动的决策偏好可能与大脑的奖励系统和情绪调节机制有关，它们共同影响着我们的决策过程和行为结果。

最后，情感的强度和持续时间也会影响我们的决策质量。强烈的情感体验可能会使我们过于关注当前的感受而忽视长远的利益，从而导致冲动或短视的决策；而持久的消极情感可能会导致我们陷入负面情绪的漩涡中无法自拔，从而影响我们的判断和决策能力，导致决策失误或错失良机的情况发生。这种情况可能需要外部干预，如心理咨询或治疗，来帮助个体恢复理性思考和健康的情感状态，从而做出更明智的决策选择。

总之，情感和决策之间的关系是一个复杂而有趣的领域，值得我们深入研究和探索。通过了解情感和决策之间的相互作用和影响机制，我们可以更好地理解自己的行为和决策过程，并采取措施来优化我们的决策质量和效果。

二、教育学基础：全人教育理念下的情感教育

（一）全人教育的内涵

全人教育，这是一个深深根植于当代教育理念的词汇。全人，即全面、整体的人。它不仅是对学生知识、技能的培育，更是对其情感、态度、价值观的综合塑造。这一理念的兴起，代表了现代教育对传统应试教育的反思和超越。

在全人教育的视野下，学生不再是被动的知识接受者，而是积极的参与者、创造者和实践者。教育不再仅仅是为了考试和升学，而是为了帮助学生成为有道德、有情感、有创造力、有社会责任感的人。

全人教育强调人的全面发展，意味着它关注学生的身体、心理、情感、社会和精神的各个方面。它鼓励学生探索自己的潜能，发现自己的兴趣和激情，培养自己的批判性思维和解决问题的能力。

在这样的教育理念下，情感教育显得尤为重要。因为情感是人类的核心，是我们与世界连接的桥梁。通过情感教育，我们可以帮助学生更好地理解自己，理解他人，理解世界，从而成为更加完整、更加丰富的人。

（二）情感教育的目标

情感教育的目标不仅仅是帮助学生管理自己的情感，更重要的是培养他们的情感素质。这包括自我认知、自我调控、同理心、社交技巧等多个方面。

自我认知：这是指学生能够认识和理解自己的情感，知道自己的情感是如何产生的，以及这些情感如何影响自己的行为和决策。通过自我认知，学生可以更好地了解自己，从而更好地掌控自己的生活。

自我调控：这是指学生能够管理和控制自己的情感，不被情感所左右。例如，在面对挫折和困难时，学生能够保持冷静和乐观，积极寻找解决问题的方法，而不是被消极情感所淹没。

同理心：这是指学生能够理解和体验他人的情感，能够站在他人的角度思考问题。通过培养同理心，学生可以更好地与他人建立联系和沟通，从而形成良好的人际关系。

社交技巧：这是指学生在与人交往中能够运用适当的语言和行为来表达自己的情感和意愿。良好的社交技巧可以帮助学生更好地融入社会，与他人建立良好的合作关系。

（三）情感教育的方法与策略

实施情感教育需要采用多种方法和策略，以适应不同学生的需求和特点。以下是一些常见的情感教育方法和策略。

情境模拟：通过创设特定的情境，让学生在其中体验和表达自己的情感。例如，可以组织学生参与角色扮演游戏或心理剧等活动，让他们在模拟的情境中学习和掌握情感管理的技巧。

角色扮演：让学生扮演不同的角色，从而理解不同人物的情感和立场。这种方法可以帮助学生培养同理心和换位思考的能力。

小组讨论：组织学生进行小组讨论，分享自己的情感和经历。这种方法可以帮助学生建立互相支持和理解的团体氛围，培养他们的团队合作精神和沟通技巧。

艺术表达：通过音乐、舞蹈、绘画等艺术形式来表达和抒发自己的情感。这种方法可以帮助学生找到情感的出口，培养他们的创造力和审美情趣。

心理辅导与咨询：为学生提供专业的心理辅导和咨询服务，帮助他们解决情感问题和增强心理韧性。这种方法可以为学生提供个性化的支持和帮助，满足他们的特殊需求。

（四）情感教育的评价与反馈

评价是情感教育的重要环节之一。通过定期的评价和反馈，教师可以了解学生在情感素质方面的进步和不足，从而及时调整教学策略和方法。以下是一些情感教育的评价方法。

观察法：教师可以通过观察学生在日常生活中的表现来了解他们的情感状态和情感管理能力。例如，可以观察学生与人交往时的语言和行为表现，以及他们在面对挫折时的反应等。

问卷调查法：教师可以定期向学生发放问卷，了解他们对自己情感状态的认知和感受。这种方法可以帮助教师获取大量的量化数据，从而更好地了解学生的情感需求和问题。

访谈法：教师可以通过与学生进行一对一的访谈来了解他们的情感体验和内心世界。这种方法可以为教师提供深入的、个性化的信息，有助于教师针对学生的特殊需求提供个性化的支持和帮助。

作品分析法：教师可以通过分析学生的艺术作品、写作作品等来了解他们的情感和内心世界。这种方法可以帮助教师发现学生的潜在才能和创造力，同时也可以为教师提供关于学生情感状态的线索和信息。

在评价过程中，教师需要给予学生及时、准确、具体的反馈和建议。通过反馈和建议，学生可以了解自己的进步和不足之处，从而及时调整自己的学习策略和努力方向。同时，教师也需要根据学生的反馈和建议来不断改进自己的教学方法和策略，以满足学生的需求和期望，实现全人教育的目标。

三、社会学基础：情感在社会互动中的作用

情感，作为人类内心世界的核心要素，在社会互动中发挥着至关重要的作用。从社会学的角度来看，情感不仅是个体内部的心理体验，还是连接人与人、人与社会的重要纽带。在社会学的广阔领域中，情感涉及社会结构、文化、规范、权力等多个方面，是社会互动不可或缺的一部分。

（一）情感与社会规范的关系

社会规范是人们在日常生活中共同遵守的行为准则，它们为社会秩序的稳定提供了基础。情感在社会规范的形成和维护中起着重要作用。社会规范往往伴随着特定的情感体验和表达。例如，当某人违反社会规范时，他可能会感受到内疚、羞愧等消极情感，而这些情感体验会促使他反思自己的行为并遵守规范。同时，当他的行为符合社会规范时，他会得到他人的认可和尊重，从而体验到自豪、满足等积极情感。这种情感的正负反馈机制有助于个体内化社会规范，形成符合社会期望的行为模式。

通过情感的表达和传播，人们不仅可以强化现有的社会规范，还可以在特定情境下改变或塑造新的社会规范。例如，在一些社会运动中，人们通过表达愤怒、同情等情感来唤起公众的共鸣和支持，从而推动社会变革和新的规范的形成。这种情感的力量可以激发个体的行动力，促使他们为了共同的价值观和目标而团结一致。

（二）情感与社交技巧的关联

社交技巧是指在人际交往中运用适当的语言和行为来传达自己的情感和意愿的能力。在社会互动中，人们通过情感表达来展示自己的内心世界，与他人建立联系和沟通。良好的社交技巧可以帮助个体更好地理解和回应他人的情感需求，从而建立和维护良好的人际关系。

情感教育在培养学生社交技巧方面发挥着重要作用。通过情感教育，学生可以学会识别、理解和表达各种情感，掌握有效的沟通技巧和冲突解决策略。这些技能不仅有助于他们在学校和社会中取得成功，还能够提升他们的心理健康和幸福感。同时，情感教育还有助于培养学生的共情能力和同理心，使他们能够更好地理解和尊重他人的感受和需求，形成良好的道德品质和社会责任感。

（三）情感与社会支持的关系

社会支持是指个体从其所拥有的社会关系中所获得的精神上和物质上的支持。情感与社会支持之间存在着密切的联系。积极的情感可以增加个体的社会支持网络，使其在遇到困难时能够得到更多的帮助和支持；而消极的情感则可能导致个体社会支持的减少或丧失。

当个体体验到积极情感时，他们往往更愿意与他人建立联系和分享自己的经历和感受。这种开放性的情感表达有助于建立亲密的关系和增强彼此的信任感，从而使个体能够获得更多的社会支持。相反，当个体经历消极情感时，他们可能会感到孤独、无助和失落，导致社交退缩和人际关系的疏远。这种情况下，个体的社会支持网络可能会逐渐缩小甚至崩溃。

为了维护个体的心理健康和社会适应性，建立稳定的社会支持网络至关重要。这需要个体积极表达自己的情感和需求，主动寻求他人的支持和帮助；同时，也需要社会和家庭等支持系统提供必要的关怀和支持以满足个体的情感需求。通过加强情感教育和社会支持系统的建设，我们可以帮助个体更好地应对生活中的挑战和压力，实现个人的全面发展和社会的和谐稳定。

四、神经科学基础：情感与大脑活动的关联

（一）大脑中的情感处理中心

近年来，神经科学的研究发现，大脑中存在多个与情感处理相关的区域，如杏仁核、前额叶等。这些区域在处理情感信息时相互作用，形成了一个复杂的网络。当人们感到快乐时，大脑中的奖赏系统会释放多巴胺等神经递质，从而产生愉悦感；而当人们感到恐惧或焦虑时，杏仁核会活跃起来，引发一系列的生理和行为反应。

（二）情感与记忆的神经机制

情感和记忆在大脑中有着密切的联系。一些研究表明，情感可以增强记忆的编码和存储过程。例如，带有强烈情感的事件往往会在大脑中留下更深刻的痕迹，从而更容易被记住。此外，不同的情感状态也会影响记忆的提取过程。积极的情感可以促进正面记忆的提取，而消极的情感则可能引发负面记忆的涌现。

（三）大脑中的情感调节机制

大脑中存在多个与情感调节相关的区域，如前额叶皮层、扣带回等。这些区域可以通过调节神经递质的释放和改变神经网络的活动模式，来影响我们的情感体验和行为反应。例如，前额叶皮层可以通过抑制杏仁核的过度活跃来减少我们的焦虑和恐惧反应；而扣带回则可以通过调节身体对压力的反应来帮助我们应对挑战和压力。此外，一些研究表明冥想等放松训练可以改变大脑中与情感调节相关区域的活动模式，从而增强我们的自我调节能力，改善心理健康状况。

第三节　情感智力的培养

一、情感智力的概念与重要性

（一）情感智力的定义

情感智力，也称为情商，是指个体在情感方面的认知、理解、表达和管理能力。它涵盖了对自身情感的识别与调控，以及对他人情感的理解与适应。情商的高低直接影响个体的心理健康、人际关系和事业成功。

（二）情感智力的重要性

促进心理健康：高情商者能更好地应对压力，调整心态，保持心理健康。

优化人际关系：通过理解和适应他人的情感，高情商者能建立良好的人际关系，促进团队协作。

助力事业成功：情商在职场中的作用日益凸显，高情商者往往更具领导力，更容易获得成功。

二、情感智力的构成要素

（一）自我情感认知

自我情感认知是个体对自身情感的深入了解和认识，它是情感教育的基础和核心。自我情感认知不仅涉及对自身情绪的觉察和识别，还包括对这些情绪的分析和评估。在这个过程中，个体需要具备一定的内省能力和自我意识，能够准确地感知自己的情绪变化，理解这些情绪背后的原因和意义。

首先，自我情感认知要求个体能够觉察和识别自己的情绪。这包括对自己的情绪状态保持敏感，能够及时感知到自己的喜怒哀乐等情绪变化。这种觉察和识别能力是个体进行情感管理的基础，因为只有了解自己的情绪状态，才能有针对性地采取相应的调节措施。

其次，自我情感认知还要求个体能够分析和评估自己的情绪。这包括对情绪产生的原因、持续的时间、影响的程度等方面进行深入的思考和判断。通过这种分析和评估，个体可以更加全面地了解自己的情感世界，发现自己在情感方面的优点和不足，从而为后续的情感管理提供指导。

最后，自我情感认知对于个体的心理健康和人际关系具有重要影响。一个具有良好自我情感认知能力的人，能够更好地理解自己的情感需求和心理状态，从而采取积极有效的措施来调节自己的情绪，保持心理健康。同时，他们也能够更加准确地表达自己的情感，与他人建立良好的沟通和信任关系。

在教育实践中，教师可以通过一系列活动来培养学生的自我情感认知能力。例如，引导学生写日记或情绪记录表，让他们学会观察和记录自己的情绪变化；组织学生进行角色扮演或情境模拟等活动，让他们在实践中体验和理解各种情绪；鼓励学生参与讨论和分享自己的情感体验和感受，提高他们的情感表达和交流能力。

（二）他人情感认知

他人情感认知是指个体对他人情感的感知和理解能力。它是建立良好人际关系、实现有效沟通的关键要素之一。通过观察和倾听他人的情绪表达，我们能够理解他们的感受和需求，进而表达出同情和关心。这种能力不仅有助于增进彼此之间的理解和信任，还能为我们提供更加准确和全面的信息，帮助我们作出恰当的反应和决策。

在培养他人情感认知能力的过程中，我们需要学会关注他人的非言语信号，如面部表情、身体语言等。这些信号往往比言语更能真实地反映一个人的内心感受。同时，我们还需要学会倾听他人的言语表达，理解他们的情绪和需求。通过实践和经验积累，我们可以逐渐提高自己的他人情感认知能力，更加敏锐地感知和理解他人的情绪。

在教育实践中，教师可以通过多种方式培养学生的他人情感认知能力。例如，可以组织学生进行小组合作活动，让他们在共同完成任务的过程中学会观察和理解他人的情绪变化；可以引导学生参与角色扮演或模拟情境等活动，让他们在实践中体验和理解他人的感受和需求；还可以鼓励学生多与他人交流沟通，培养他们的倾听和理解能力。通过这些活动和实践，学生可以逐渐提高自己的他人情感认知能力，更好地与他人建立和维护关系。

（三）情感调控

情感调控是指个体对自身情感的调节和控制能力。它是情感教育的重要组成部分，对于个体的心理健康和社会适应具有重要意义。一个具有良好情感调控能力的人，能够在面对挫折和压力时保持冷静和乐观的态度，积极应对生活中的各种挑战。同时，他们也能够根据社交场合的需要灵活调整自己的情绪表达，与周围的人建立良好的关系。

情感调控包括多个方面，如情绪的抑制、情绪的转移、情绪的升华等。其中，情绪的抑制是指个体在必要时能够抑制不适当的情绪表达；情绪的转移是指个体能够将注意力从负面情绪上转移开来，关注其他积极的事物；情绪的升华则是指个体能够将负面情绪转化为积极的行动力量，激励自己不断进步。这些调控策略有助于个体在面对挑战和压力时保持良好的心理状态，促进身心健康的发展。

在教育实践中，教师可以通过多种方式培养学生的情感调控能力。例如，可以引导学生学习一些有效的情绪调节技巧，如深呼吸、冥想等；可以组织学生进行一些具有挑战性的活动，让他们在实践中学会如何应对挫折和压力；还可以通过心理辅导和咨询等方式为学生提供个性化的支持和帮助，帮助他们解决情感上的问题。通过这些措施，学生可以逐渐提高自己的情感调控能力，更好地应对生活中的各种挑战和压力。

（四）情感运用

情感运用是指个体在社交场合中灵活运用情感的能力。它是情感教育的高级阶段，也是个体社会适应能力的重要体现。一个具有良好情感运用能力的人，能够根据不同的社交场合和需求恰当地表达自己的情绪，与他人建立良好的关系，并有效地应对冲突和挑战。这种能力不仅有助于个体的社会交往和人际关系，也有助于提高工作效率和创造力。

情感运用涉及多个方面，如情感的表达、情感的共鸣、情感的协调等。其中，情感的表达是指个体能够以恰当的方式将自己的情绪传递给他人；情感的共鸣则是指个体能够理解和体验他人的情绪，产生共情反应；而情感的协调则是指个体能够在与他人互动的过程中灵活调整自己的情绪表达，以适应不同的社交场合和需求。这些方面的能力共同构成了个体的情感运用能力，对于其社会适应和人际交往具有重要意义。

在教育实践中，教师可以通过多种方式培养学生的情感运用能力。例如，可以组织学生进行角色扮演或情境模拟等活动，让他们在实践中学习如何恰当地表达自己的情绪并与他人建立良好的关系；可以引导学生参与团队合作或社区服务等项目，让他们在实践中体验和理解不同社交场合中的情感需求和规范；还可以通过文学、艺术作品欣赏和分析等方式培养学生的审美情趣和情感表达能力，提高他们的情感素养和综合素质。通过这些措施，学生可以逐渐提高自己的情感运用能力，更好地适应社会生活并实现个人价值。

总之，情感调控和情感运用是情感教育中不可或缺的两个环节。通过培养学生的情感调控能力，可以帮助他们更好地管理自己的情绪，保持心理健康；而通过培养学生的情感运用能力，则可以帮助他们更好地与他人交往，建立良好的人际关系。这两个方面的能力不仅对于学生的个人成长具有重要意义，也对他们未来的社会生活和工作具有重要影响。因此，在教育实践中，教师应该注重培养学生的情感调控和情感运用能力，以促进他们的全面发展。

三、情感智力的培养策略与方法

（一）提升自我认知能力

自我认知，是对自己内心世界的深入了解和探索。在情感教育中，提升自我认知能力对于个人成长和人际关系建立都至关重要。以下是一些提升自我认知能力的方法和策略。

1.自我观察

记录情绪：通过日记、心情记录等方式，定期记录自己的情绪变化。这有助于我们更清晰地认识到自己情感的波动和模式。

分析触发因素：尝试分析导致情绪变化的具体事件或触发因素。这有助于我们了解自己的情感触发点，从而更好地管理情绪。

身体反应觉察：注意情绪变化时的身体反应，如心跳加速、呼吸急促等。身体反应常常是我们情感的"晴雨表"。

2.反思与总结

情感复盘：定期回顾自己过去的情感经历，从中提炼经验教训。这有助于我们发现自己在情感处理上的优点和不足。

寻求反馈：与他人交流，听取他们对自己情感反应的看法和建议。这种外部的反馈可以为我们提供新的视角和洞见。

心理咨询与辅导：在必要时，寻求专业的心理咨询或辅导。专业的帮助能够提供更深入、更个性化的自我认知指导。

通过自我观察和反思总结，我们可以更深入地了解自己的情感世界，从而更好地掌控自己的情绪和反应。这种自我认知的提升不仅有助于个人心理健康，也能够在人际交往中展现出更高的情商和成熟度。

（二）培养同理心

同理心，即能够站在他人的角度理解其情感和需求的能力，是情感教育中不可或缺的一部分。培养同理心不仅可以增进人际关系的和谐，还能够促进个人的情感成长和心理健康。以下是一些培养同理心的有效方法。

1.倾听

积极倾听：在他人分享情感和经历时，给予积极的关注，通过点头、微笑等方式表达理解和支持。

深度倾听：尝试理解对方的情感和需求，而不仅仅是听到他们说的话。这需要我们放下自己的偏见和判断，真正进入对方的内心世界。

反馈与确认：在倾听过程中，适时地给予反馈和确认，确保自己正确理解了对方的情感和需求。

2.表达关心

言语表达：用温暖、关怀的语言表达对他人的关心和支持。这种言语上的表达能够直接传递我们的善意和关怀。

非言语表达：通过拥抱、握手、眼神交流等非言语方式表达关心。这些身体语言同样能够传递深刻的情感联系和支持。

实际行动：在他人需要帮助时，提供实际的帮助和支持。这种具体的行动能够让对方感受到我们的关心是真诚而有力的。

通过倾听和表达关心，我们可以与他人建立深刻的情感联系，增进彼此的理解和信任。这种同理心的培养不仅有助于我们成为更好的朋友、伴侣和家人，还能够让我们在社会交往中展现出更高的情商和人格魅力。

（三）学会情绪调节

情绪调节是指管理和控制自己情绪的能力，对于保持心理健康和促进人际关系至关重要。以下是一些有效的情绪调节方法。

1.深呼吸与冥想

深呼吸练习：当感到情绪激动或紧张时，尝试进行深呼吸练习。慢慢地吸气，然后缓慢地呼气，专注于呼吸的感觉，有助于平复激动的情绪。

冥想实践：定期进行冥想练习，通过专注于呼吸、想象放松的场景或聆听舒缓的音乐等方式，培养内心的平静和冷静思考的能力。

2.积极心态培养

积极思考：努力调整自己的思维方式，以积极、乐观的态度看待问题和挑战。尝试关注解决问题的可能性，而不是过分纠结于困难本身。

感恩实践：每天花一些时间思考和记录自己所感激的事物或人。这种感恩实践有助于培养积极心态，增强幸福感和满足感。

情绪日记：将每天的情绪记录下来，分析情绪的起因和影响。通过这种方式，可以逐渐认识到自己的情绪模式，并学会更好地管理和调节情绪。

通过深呼吸与冥想以及积极心态的培养，我们可以更好地掌控自己的情绪，保持内心的平静和冷静思考的能力。这种情绪调节的能力不仅有助于个人心理健康的维护，也能够在人际关系中展现出更高的稳定性和成熟度。

（四）加强社交技能训练

社交技能是与人交往和沟通的重要能力，对于建立良好的人际关系和促进个人成长都至关重要。以下是一些加强社交技能训练的方法和策略。

1.有效沟通

倾听技巧：学习并实践积极的倾听技巧，如保持眼神接触、给予反馈和鼓励表达等。这有助于建立良好的沟通氛围并理解他人的观点和需求。

清晰表达：通过清晰、准确和有逻辑的语言表达自己的想法和感受。避免使用攻击性或模糊的语言，以促进有效的沟通和理解。

非言语沟通：注意非言语沟通的重要性，如面部表情、身体语言和语调等。这些因素在沟通中起着重要的作用，能够传递更丰富的信息和情感。

2.团队合作

参与团队活动：积极参与团队项目、小组讨论或志愿者活动等，与不同背景的人合作和交流。这有助于培养团队合作精神和协作能力。

分工与合作：在团队中明确分工和责任，同时积极寻求合作和支持。通过共同努力实现团队目标，可以增进彼此的理解和信任。

解决冲突：学习并实践解决冲突的技巧和方法，如积极倾听、寻求共同点和提出建设性解决方案等。这有助于维护团队的和谐与高效运作。

通过加强社交技能训练，我们可以更好地与他人沟通和合作，建立起互信和尊重的良好关系。这种社交技能的提升不仅有助于个人在职场和社交场合中的成功，也能够在日常生活中营造出更加和谐的人际关系氛围。

四、情感智力在初中阶段的培养重点

初中班主任工作中的情感教育：自我意识、同理心、冲突解决与积极心态的培养

（一）自我意识的培养

初中生正处于一个特殊的生理和心理发展阶段，即青春期。这一时期，他们的身体经历着巨大的变化，同时，他们的情绪也经常像过山车一样起伏不定。这种情绪的不稳定性可能会对他们的学习、生活和人际关系产生不良影响。因此，作为初中班主任，首要任务就是引导学生认识自己，培养他们的自我意识。

观察与记录：鼓励学生记录自己的情绪变化。通过日记、心情记录表或手机 APP 等工具，让学生跟踪自己的情绪，了解自己的情感波动。

心理健康教育活动：定期组织心理健康教育讲座或工作坊，让学生了解情绪的本质、来源和影响。通过这些活动，学生可以更好地认识到自己情绪背后的需求和动机。

情绪表达与控制：教育学生学会合理地表达和控制自己的情绪。不是抑制情绪，而是学会在适当的场合、以适当的方式表达出来。这包括教授他们深呼吸、冥想等放松技巧，以及如何通过积极的语言来表达自己的感受。

个案辅导与咨询：针对情绪波动较大的学生，提供一对一的辅导和咨询。通过与学生的深入交流，帮助他们识别和处理自己的情绪问题。

自我意识的培养不仅有助于学生更好地管理自己的情绪，还能增强他们的自尊和自信，为未来的成长奠定坚实的基础。

（二）同理心的培育

初中阶段是学生社交圈扩大的时期，他们开始更加关注同伴关系，重视友谊和归属感。在这个阶段，培养学生的同理心尤为重要。同理心是指能够站在他人的立场上，体会和理解他人的情感和需求。

情境模拟与角色扮演：设计情境模拟活动，让学生在模拟的场景中扮演不同的角色，体验他人的感受和需求。这种活动可以帮助学生跳出自己的视角，增进对他人的理解和关心。

团队活动与合作：通过组织各种团队活动，如小组合作、社区服务等，让学生在实践中学会与他人协作和沟通。在团队中，他们需要关注并尊重每个成员的贡献和感受，从而培养出强烈的同理心。

分享与倾听：鼓励学生在课堂上或小组活动中分享自己的经历和感受。同时，教育他们学会倾听他人的故事和心声。倾听是同理心的关键要素之一，通过倾听，我们可以更好地理解他人的情感和需求。

引导反思与讨论：在相关课程或活动中引入与同理心相关的主题和案例，引导学生进行反思和讨论。例如，讨论校园欺凌现象时，可以让学生思考如何从同理心的角度出发来预防和应对欺凌行为。

通过培育学生的同理心，我们可以帮助他们建立更加健康、和谐的人际关系，并培养他们的社会责任感和道德意识。

（三）冲突解决能力的培养

初中生在面对人际冲突时往往缺乏应对策略和技能。作为班主任，我们需要教授学生有效的冲突解决技巧，帮助他们更好地处理人际关系中的矛盾和纠纷。

冲突解决教育：通过课堂教育或专题讲座的形式，向学生传授基本的冲突解决理论和技巧。这包括如何识别冲突的存在、分析冲突的根源、选择合适的解决策略等。

角色扮演与情景模拟：设计冲突情景模拟活动，让学生在模拟的冲突中学习如何运用所学技巧进行应对和协商。这种实践活动能够帮助学生将理论知识转化为实际操作能力。

沟通与协商训练：着重训练学生的沟通和协商能力。通过开展辩论、讨论等活动，提高学生的语言表达和逻辑思维能力。同时，教育他们学会倾听他人的观点和需求，寻求双方都能接受的解决方案。

案例分析与经验分享：引导学生分析实际生活中的冲突案例，并鼓励他们分享自己的解决经验和教训。通过案例分析和经验分享，学生可以从中学习和借鉴他人的有效做法和策略。

通过培养学生的冲突解决能力，我们可以帮助他们更好地应对人际关系中的挑战和压力，维护班级和谐稳定的氛围。

（四）积极心态的塑造

初中生面临着学业压力、人际关系等多重挑战，容易产生消极心态和情绪波动。作为班主任，我们需要关注学生的心理健康状况，并积极采取措施塑造他们的积极心态。

心理辅导与支持：提供定期的心理辅导服务或心理健康课程，帮助学生了解和应对自己的情感问题。建立一个开放、支持性的环境，让学生感到被理解和接纳，鼓励他们主动寻求帮助和支持。

励志讲座与榜样引领：邀请成功人士或校友来校进行励志讲座，分享他们的成功经验和面对困难时的积极心态。同时，也可以在班级中树立一些积极向上的榜样，让学生看到坚持和努力的力量，从而激发他们的积极动力。

兴趣培养与多元发展：鼓励学生参与各种兴趣小组和社团活动，培养他们的兴趣爱好和多元发展能力。通过参与自己感兴趣的活动，学生可以体验到成就感和自我价值感，从而提升自信心和积极心态。

挫折教育与心理辅导结合：针对学生在学习和生活中遇到的挫折进行挫折教育，并结合心理辅导进行个性化支持。教育学生认识到挫折是成长的一部分，帮助他们学会从挫折中汲取经验教训，并以积极的心态面对未来的挑战。

家校合作与共同支持：与家长保持密切联系，共同关注学生的情感状态和心理健康问题。通过家校合作，共同为学生创造一个积极、健康的成长环境，让他们在家庭和学校中都能得到必要的支持和关爱。

通过塑造学生的积极心态，我们可以帮助他们更好地应对生活中的挑战和压力，培养他们的抗挫能力和乐观精神，为他们未来的成功奠定坚实的基础。

第二章 初中班主任角色与职责

第一节 初中班主任的身份和职责

一、初中班主任的身份认同与角色定位

（一）教育引导者

初中班主任，首先是学生成长道路上的教育引导者。他们不仅是知识的传递者，更是学生心灵的引路人。在学生的成长过程中，班主任的影响力不可忽视，他们的每一个举动、每一句话都可能成为学生成长道路上的重要指引。

作为教育引导者，初中班主任需要全面了解学生的个性、兴趣和需求。每个学生都是独一无二的个体，有着不同的潜能和特质。班主任需要通过细心的观察和深入的交流，发现学生的优点和不足，根据学生的实际情况制订个性化的教育计划。这种计划不仅关注学生的知识学习，更注重学生的品德培养和行为习惯的养成。

在知识学习方面，班主任要引导学生掌握正确的学习方法和技巧，培养良好的学习习惯和自主学习的能力。同时，还要关注学生的学习进度和效果，及时给予指导和帮助，确保每个学生都能够在学习上取得进步。

在品德培养方面，班主任更是肩负着重要的责任。班主任要通过言传身教，引导学生树立正确的世界观、人生观和价值观。在日常教育中，班主任要注重培养学生的社会责任感和公民意识，让学生懂得尊重他人、关心社会、珍惜资源。同时，还要注重培养学生的团队精神和合作意识，让学生学会与人相处、与人合作，为未来的社会生活做好准备。

（二）心理辅导员

初中生正处于青春期，这是一个充满变化和挑战的时期。在这个时期，学

生的心理波动较大，容易受到各种因素的影响，产生各种心理问题。因此，初中班主任需要担任心理辅导员的角色，关注学生的心理健康。

作为心理辅导员，初中班主任需要倾听学生的心声，理解学生的困惑和烦恼。要时刻保持敏感和耐心，及时发现学生的心理问题，提供必要的心理支持和辅导。这种支持和辅导可以是通过谈心、倾听、鼓励等方式给予学生情感上的支持，也可以是通过组织心理健康活动、提供心理咨询等方式帮助学生解决心理问题。

通过心理健康活动，班主任可以帮助学生缓解压力、增强自信、培养健康的心态。例如，他们可以组织学生参加团体心理辅导、心理健康讲座等活动，让学生了解心理健康的重要性，学会应对压力和挫折的方法。同时，班主任还可以通过开展心理健康主题班会等活动，让学生在轻松愉快的氛围中交流心得、分享经验，增进彼此的了解和信任。

（三）班级管理者

初中班主任是班级的管理者，负责班级的日常管理工作。他们要制定班级规章制度、维护班级秩序、确保学生的学习和生活环境整洁、安全。这些工作看似琐碎，但却至关重要，因为它们直接关系到学生的学习和生活质量。

作为班级管理者，初中班主任需要具备较强的组织和管理能力。他们要能够制定合理的班级规章制度并严格执行，以确保班级的秩序井然。同时，他们还要善于协调班级内部的关系，处理学生之间的矛盾和纠纷，营造和谐的班级氛围。这种氛围不仅有利于学生的学习和成长，也有利于培养学生的团队精神和合作意识。

为了做好班级管理工作，初中班主任需要与学生建立良好的师生关系。他们要尊重学生、关心学生、理解学生，赢得学生的信任和尊重。只有这样，学生才会愿意遵守班级的规章制度，积极配合班主任的管理工作。同时，班主任还要与学科教师和其他教职员工保持良好的合作关系，共同为班级的和谐发展贡献力量。

（四）家校沟通者

初中班主任不仅是学生的教育者和引导者，还是家校之间的桥梁和纽带。

他们需要与家长保持密切联系，及时反馈学生在校的表现和学习情况，指导家长正确地参与孩子的教育。在这个过程中，初中班主任既是信息的传递者，又是情感的沟通者，他们的工作直接关系到家庭教育和学校教育的有效衔接。

作为家校沟通者，初中班主任需要主动与家长建立联系，通过家长会、家访、电话沟通等方式与家长保持密切的沟通与合作。他们要耐心倾听家长的意见和建议，了解学生在家庭中的表现和需求，以便更好地为学生提供个性化的教育服务。同时，他们还要向家长宣传学校的教育理念和政策，增进家长对学校工作的了解和支持，促进家校之间的合作与共赢。

在与家长的沟通过程中，初中班主任需要注重沟通技巧和方法。他们要以平等、尊重的态度与家长交流，避免使用过于专业或晦涩的词汇，让家长能够轻松理解学生的教育问题。同时，他们还要善于倾听家长的意见和建议，及时反馈和处理家长反映的问题，让家长感受到学校对学生的关心和重视。通过有效的家校沟通，初中班主任可以建立起良好的家校关系，为学生的全面发展创造更加有利的条件和环境。

二、初中班主任的核心职责与工作范围

（一）德育工作：塑造学生的道德灵魂

德育工作是初中班主任的首要职责，其重要性不言而喻。在这个阶段，学生正处于人生观、价值观形成的关键时期，班主任的引导和教育对学生的成长具有深远的影响。

渗透德育内容：班主任在日常教育中应注重渗透德育内容，将道德教育贯穿于各科教学之中。他们应该以身作则，通过自身的言行举止为学生树立正面的道德榜样，引导学生树立正确的道德观念和行为准则。

组织德育活动：为了培养学生的社会责任感和公民意识，班主任需要积极组织各种德育活动。例如，主题班会可以针对当前社会热点问题进行讨论，引导学生关注社会问题，培养他们的社会责任感；社会实践活动可以让学生走出校园，亲身参与社会公益活动，体验社会生活的多样性，从而培养他们的公民意识。

关注学生心理：德育工作不仅仅是对学生进行道德知识的灌输，更需要关注学生的内心世界。班主任应通过观察、交流等方式了解学生的心理状态，及时发现并解决学生在道德方面存在的问题。同时，班主任还要关注学生的情感变化，关心他们的成长过程，为他们提供必要的心理支持和帮助。

（二）教学工作：引领学生的学习之路

初中班主任在教学工作中也扮演着重要的角色。他们不仅需要对学生的学习进度和效果进行关注，还需要协调各学科教师之间的工作，确保教学质量的提升。

备课与上课：班主任需要对所教科目进行深入的备课，了解教材和考试要求，制订合理的教学计划。在上课过程中，他们应注重激发学生的学习兴趣和积极性，采用多种教学方法和手段提高教学效果。同时，班主任还要关注学生的学习状态和需求，及时调整教学策略和方法来满足学生的个性化需求。

批改作业与辅导：班主任需要认真批改学生的作业，及时了解学生的学习情况和问题所在。对于学习困难的学生，他们需要提供针对性的辅导和帮助，引导学习困难的学生掌握正确的学习方法和技巧。同时，班主任还要鼓励学生积极参与课堂讨论和提问，培养他们的自主学习能力和思维能力。

协调教师工作：作为班级的核心人物，班主任需要协调各学科教师之间的工作，确保教学进度的一致性和教学质量的提升。他们可以组织教师定期开会交流教学情况和问题，共同商讨解决方案。同时，班主任还要积极与其他教师合作，共享教学资源和经验，共同为学生的全面发展贡献力量。

（三）学生管理工作：关爱每一个学生

学生管理是初中班主任的重要职责之一。他们需要全面了解学生的情况，为每个学生制订个性化的教育计划，关注学生的成长变化及时发现并解决问题。

制订教育计划：班主任需要全面了解每个学生的情况，包括学习、生活、家庭等方面，为他们制订个性化的教育计划。这些计划可以针对学生的特点和需求制订，旨在帮助他们充分发挥潜力，实现全面发展。

关注学生变化：班主任需要密切关注学生的成长变化，及时发现并解决学生在生活和学习中遇到的问题。他们可以通过定期的学生谈话、心理辅导等方式了解学生的内心世界，为他们提供必要的帮助和支持。同时，班主任还要关注学生的身心健康状况，确保他们能够在健康的环境中茁壮成长。

管理学生纪律：班主任需要负责学生的考勤、纪律等方面的管理工作。他们可以制定合理的班级规章制度，引导学生养成良好的行为习惯和道德品质。同时，对于违反纪律的学生，班主任需要进行耐心的教育和引导，帮助他们认识到自己的错误并改正过来。

（四）家校沟通与合作：搭建桥梁促进共育

初中班主任还需要与家长保持密切联系和沟通，及时反馈学生在校的表现和学习情况，促进家校之间的合作，共同为学生的成长提供支持和帮助。

及时反馈学生情况：班主任需要定期向家长反馈学生在校的表现和学习情况，让家长了解孩子在学校的表现和进步情况。同时，他们也要听取家长的意见和建议，了解学生的家庭背景和特点，为更好地教育学生提供参考依据。

促进家校合作：班主任可以通过家长会、家访等方式与家长进行沟通和交流，共同探讨学生的教育问题，寻求最佳解决方案。他们可以鼓励家长积极参与孩子的教育活动，与学校形成良好的合作关系，共同为学生的成长提供有力的支持。

宣传学校政策：作为学校与家长之间的桥梁，班主任还需要向家长宣传学校的教育理念和政策，增进家长对学校工作的了解和支持。他们可以解释学校的规章制度和教育政策，帮助家长理解学校的做法和意图，从而更好地配合学校的教育工作。

第二节　班主任在情感教育中的作用

一、情感引导：塑造积极健康的班级情感氛围

（一）建立明确的情感教育目标

班主任在初中阶段的工作，远不止了教授学科知识和管理班级纪律。更为

重要的是，他们承担着为学生营造一个积极、健康的班级情感氛围的重任。这种氛围，如同班级的"灵魂"，无形中影响着每一个学生的心灵成长。因此，建立明确的情感教育目标，成为班主任不可或缺的首要任务。

为了营造这样的情感氛围，班主任需要从多个方面入手。他们要确保每一位学生都能在班级中感受到温暖、关怀和尊重，这种情感的满足是孩子们形成健全人格的基础。为了实现这一目标，班主任可以利用日常班会、主题活动等多种形式，传达给学生正面的情感价值观。这些活动不仅是学生放松心情、增进友谊的好时机，更是班主任进行情感教育的绝佳平台。

在这样的活动中，班主任可以引导学生讨论各种情感话题，如友情、亲情、爱情等，帮助他们理解这些情感的内涵和价值。同时，通过分享正面的情感故事和经历，班主任可以激发学生对美好情感的向往和追求，帮助他们形成积极向上的情感态度。

（二）树立良好的情感榜样

班主任作为班级的管理者，他们的一言一行都对学生产生着深远的影响。一个时常保持乐观、积极态度的班主任，如同阳光般温暖人心，必然能够带给学生更多的正能量。因此，班主任要时刻注意自己的情感表达，确保自己的情感状态始终保持在一个积极、健康的水平。

为了树立良好的情感榜样，班主任首先需要对自己的情感进行深入的了解和管理。他们要学会识别自己的情绪变化，及时调整自己的心态，确保在面对学生时始终展现出积极、乐观的一面。同时，班主任还需要注重与学生之间的情感交流，用自己的真诚和热情感染学生，让他们感受到来自长辈的关怀和支持。

在与学生的交往中，班主任要善于倾听学生的心声，理解他们的情感需求。当学生遇到情感困惑或问题时，班主任要及时给予帮助和指导，用自己的经验和智慧为他们指明方向。通过这样的互动，班主任不仅能够赢得学生的信任和尊重，更能够成为他们心目中的情感楷模。

（三）激发学生的情感潜能

每个学生都是独特的个体，他们拥有着丰富的内心世界和独特的情感潜能。作为班主任，要善于发现学生的这些潜能，鼓励他们大胆表达自己的情感，培养他们的情感表达能力和自我调控能力。

为了实现这一目标，班主任可以通过组织各种活动和竞赛来激发学生的情感潜能。例如，他们可以举办演讲比赛、才艺展示等活动，让学生有机会展示自己的才华和魅力。在这些活动中，学生可以暂时摆脱学业的压力，全身心地投入到自己热爱的事物中，从而感受到成功的喜悦和自信的力量。

同时，班主任还可以通过心理辅导、情感咨询等方式帮助学生更好地认识自己、管理自己的情感。他们可以引导学生学习情绪调节的技巧和方法，帮助他们建立积极、健康的情感态度。通过这样的辅导和指导，学生可以逐渐学会控制自己的情绪波动，保持内心的平和与宁静。

（四）关注学生的情感变化

初中阶段是学生情感波动较大的时期。在这个阶段，学生面临着身心发育、学业压力、人际关系等多方面的挑战，他们的情感世界也随之变得复杂而敏感。班主任需要时刻保持对学生的关注，及时发现他们的情感变化，并为其提供必要的帮助和支持。

为了有效关注学生的情感变化，班主任需要与学生建立紧密的联系和信任关系。他们可以通过定期的谈心、家访等方式了解学生的家庭背景、成长经历以及当前的困惑和需求。在这个过程中，班主任要以开放、包容的心态接纳学生的各种情感表达，不轻易打断或给予评价，让学生感受到被理解和被尊重的温暖。

当学生遇到情感问题时，班主任要耐心倾听他们的诉说，深入了解问题的根源，然后给予合适的建议和引导。他们可以帮助学生分析问题的利弊得失，引导他们从多个角度思考问题，从而找到解决问题的最佳途径。同时，班主任还可以提供一些实用的方法和技巧，帮助学生缓解情绪压力，调整心态，重新找回生活的乐趣和动力。

二、情感支持：提供个性化的学生情感关怀

（一）制订个性化的情感关怀计划

初中生正处于人生中的一个特殊阶段，他们面临着身心发展的关键期，同

时也是情感波动较大的时期。每个学生都是独一无二的个体，他们有着不同的家庭背景、性格特点、兴趣爱好以及情感需求。作为班主任，了解并尊重每个学生的独特性，为他们制订个性化的情感关怀计划是至关重要的。

首先，班主任需要深入了解每个学生的家庭背景。家庭是学生情感发展的重要影响因素之一。了解学生的家庭结构、家庭氛围以及家庭经济状况等信息，有助于班主任更好地理解学生的情感需求和行为表现。例如，对于来自单亲家庭或经济困难家庭的学生，班主任可以给予更多的关心和支持，帮助他们建立自信，积极面对生活中的挑战。

其次，班主任需要关注学生的性格特点。不同的学生有着不同的性格特点，如内向、外向、敏感、坚韧等。了解学生的个性特点有助于班主任找到与学生沟通的有效方式，提供更加贴心的情感关怀。例如，对于性格内向、不善于表达的学生，班主任可以通过一对一的谈心、写信等方式与他们建立信任关系，鼓励他们敞开心扉、分享内心的感受。

最后，班主任还需要关注学生的兴趣爱好。了解学生的兴趣爱好，不仅有助于找到与学生共同话题，增进彼此的了解和信任；还能为学生提供更多展示自我、发展兴趣的平台和机会。例如，对于喜欢音乐的学生，班主任可以鼓励他们参加学校的音乐比赛或组织音乐小组活动；对于热爱运动的学生，班主任可以推荐他们参加学校的运动队或组织户外运动活动。

在制订个性化情感关怀计划的过程中，班主任需要注重细节和持续性。每个学生的情感需求都是不断变化的，班主任需要时刻关注学生的情感变化，及时调整关怀计划。同时，班主任还需要与学生、家长以及学校其他教职员工保持密切沟通与合作，共同为学生的情感发展提供全方位的支持和帮助。

（二）倾听学生的心声

倾听是沟通的基础，更是情感支持的关键。对于初中生而言，他们正处于一个充满变化和挑战的阶段，内心充满了各种疑惑和烦恼。在这个阶段，他们渴望被理解、被尊重和被关心。作为班主任，倾听学生的心声是一项重要的职责和义务。通过倾听，班主任可以了解学生的真实想法和感受，为他们提供及时的情感支持和帮助。

首先，班主任需要创造一个安全、信任的环境，让学生愿意敞开心扉与自己交流。这可以通过在日常教育中注重培养学生的信任感来实现。例如，在处理学生问题时保持公正、公平的态度；在与学生交流时给予他们充分的尊重和理解；以及在必要时为学生保守秘密等。这些做法都有助于建立起一个让学生感到安全和被接纳的环境。

其次，在倾听的过程中，班主任需要耐心、细心地聆听学生的诉说。不仅要听到学生的话语，更要关注他们的语气、表情和肢体语言等非言语信息。这些信息往往能更真实地反映学生的情感状态和需求。同时，班主任还需要注意倾听时的回应方式。例如，通过点头、微笑或简短的话语来表达自己的理解和支持；避免打断学生的发言或过早地给出建议或解决方案；以及在学生表达完自己的想法后给予适当的反馈和总结等。

除了直接的言语交流外，班主任还可以通过观察学生的行为表现来了解他们的情感状态和需求。例如，注意学生是否有异常的情绪波动或行为表现；观察学生在课堂活动中的参与程度和兴趣爱好；留意学生与同伴和家人的相处情况等。这些信息都可以为班主任提供关于学生情感状态的线索和依据。

同样重要的是，班主任需要积极关注并及时回应学生在情感上的需求和问题。当发现学生有情感困扰或心理问题时，班主任应主动与学生进行深入的交流，并提供必要的支持和帮助。这可以包括提供心理咨询服务、推荐专业的心理医生或辅导员等资源；协助学生制订应对困难和挑战的策略和计划；鼓励学生积极参与社交活动和培养健康的生活方式等。

（三）提供心理咨询服务

随着社会的快速发展和教育改革的不断深入，初中生的心理健康问题日益受到关注。作为初中班主任，不仅需要关注学生的学业成绩和日常行为，更需要重视他们的心理健康状况。提供心理咨询服务是初中班主任在情感管理中的重要职责之一，也是促进学生全面发展和健康成长的关键措施之一。

首先，提供心理咨询服务有助于解决学生在成长过程中遇到的各种心理问题，增强他们的心理素质和抗挫能力。初中生正处于身心发展的关键时期，面临着诸如学业压力、人际关系困扰、自我认知模糊等心理问题。这些问题如果得不到及时有效的解决，可能会对学生的心理健康产生不良影响，甚至导致严重的心理疾病。通过心理咨询服务，班主任可以帮助学生识别和处理这些问题，提高他们的心理健康水平。

其次，心理咨询服务可以为学生提供个性化的支持和帮助，满足他们不同的心理需求。每个学生都是独一无二的个体，有着不同的心理特点和需求。通过心理咨询服务，班主任可以深入了解学生的心理状况和需求，为他们提供针对性的支持和帮助。例如，对于焦虑、抑郁等情绪问题的学生，可以提供情绪调节和放松训练的技巧；对于学习压力过大的学生，可以提供时间管理和学习方法的指导；对于人际关系困扰的学生，可以提供沟通技巧和解决冲突的方法等。

最后，心理咨询服务还可以帮助学生建立积极的心理品质和健康的生活方式。通过心理咨询，学生可以学会如何积极应对生活中的挑战和压力，培养自信、乐观、坚韧等积极的心理品质。同时，心理咨询还可以帮助学生建立健康的生活方式，如保持良好的作息习惯、进行适当的体育锻炼、培养广泛的兴趣爱好等，这些都有助于提高学生的心理健康水平，促进他们的全面发展和成长。

为了提供有效的心理咨询服务，初中班主任需要具备一定的心理学知识和技能，了解常见的心理问题及其处理方法。同时，班主任还需要保持敏锐的洞察力，及时发现学生可能存在的心理问题，并主动提供帮助和支持。此外，与专业的心理咨询师或心理医生保持密切的合作关系也是非常重要的，这样可以在必要时为学生提供更加专业和深入的心理咨询服务和治疗建议。

三、情感沟通：搭建师生间情感交流的桥梁

（一）保持畅通的沟通渠道

保持畅通的沟通渠道是班主任与学生建立良好关系的基础。作为班主任，需要时刻关注学生的情感变化，及时了解他们的想法和需求，为他们提供必要的支持和帮助。为了实现这一目标，班主任可以采取多种方式与学生保持联系。

首先，面对面交流是最直接、最有效的方式。班主任可以定期安排班会或个别谈话，与学生进行深入的交流。在这个过程中，班主任要关注学生的表情、语气和肢体语言，从中捕捉学生的真实情感和需求。同时，班主任还要善于引

导学生表达自己的内心世界，鼓励他们说出自己的困惑和烦恼。

其次，电话和网络也是重要的沟通工具。在现代社会，手机和互联网已经普及到学生的生活中。班主任可以利用这些工具与学生保持即时的联系。例如，班主任可以通过电话了解学生的近况，关心他们的生活和学习；通过社交媒体或班级群聊，班主任可以发布重要信息、分享教育资源，同时也可以随时回答学生的问题和解决他们的困惑。

为了保持沟通渠道的畅通，班主任还需要注意以下几点：一是要时刻保持耐心和热情，让学生感受到班主任的关心和关注；二是要及时回应学生的信息和需求，确保双方之间的信息传递不受阻碍；三是要尊重学生的隐私和个人空间，不要过分干涉他们的生活和学习。

（二）尊重学生的表达权利

在与学生沟通的过程中，尊重学生的表达权利至关重要。每个学生都是独立的个体，有着自己的思想、观点和感受。班主任应该鼓励学生自由表达自己的内心世界，尊重他们的表达权利。

首先，班主任要营造一个开放、包容的氛围，让学生感到自由和安全。在这样的环境中，学生会更加愿意表达自己的观点和感受，无论是积极的还是消极的。班主任都应耐心倾听学生的发言，不要打断或贬低他们的观点，而是要给予肯定和鼓励。

其次，对于学生的建议和意见，班主任要认真对待并给予积极的回应。学生的声音是宝贵的资源，他们的建议和意见可以为班级管理和教育教学提供有益的参考。班主任要及时整理和分析学生的反馈，针对问题制定改进措施，并向学生说明处理结果和后续计划。

尊重学生的表达权利不仅可以增强学生的自信心和归属感，还可以促进班级的民主管理和和谐发展。通过尊重学生的表达权利，班主任可以与学生建立更加亲密和信任的关系，为班级营造一个积极、健康、向上的氛围。

（三）掌握有效的沟通技巧

掌握有效的沟通技巧是情感沟通的关键。作为班主任，需要学会运用各种沟通技巧来与学生进行良好的情感交流。以下是一些重要的沟通技巧。

倾听技巧：倾听是沟通的基础。班主任要善于倾听学生的发言，注意理解学生的情感和需求。在倾听过程中，要保持耐心和关注，不要急于打断或给出建议。通过倾听，班主任可以了解学生的真实想法和感受，为后续的沟通和支持提供依据。

表达技巧：清晰、准确的表达是沟通的关键。班主任要用简洁、明了的语言表达自己的观点和意图，避免使用模糊或晦涩的词汇。同时，还要注意自己的语气和表情，确保传达出积极、亲切的情感。

反馈技巧：及时的反馈可以增强沟通的效果。班主任要在与学生的沟通过程中给予积极的反馈，肯定他们的进步和成绩。同时，也要指出需要改进的地方，并提供具体的建议和帮助。通过反馈，学生可以了解自己的表现和不足之处，从而更好地调整自己的学习和行为。

情绪管理技巧：情绪管理是沟通的重要环节。班主任要学会控制自己的情绪，保持冷静和理智。在面对学生的情绪波动时，要以理解和包容的态度进行安抚和引导，帮助学生稳定情绪并找到解决问题的方法。

（四）定期与家长沟通交流

定期与家长沟通交流是班主任工作的重要组成部分。家长是学生的重要支持者，他们对于学生的情感状况和需求有着深入的了解。通过与家长的紧密合作，班主任可以为学生提供更加全面的情感支持和帮助。

首先，班主任要定期与家长进行面对面的交流。在家长会上或家访时，班主任可以向家长介绍学生在校的表现和学习情况，了解学生在家庭中的情感状况和需求。同时，班主任还可以向家长宣传学校的教育理念和政策，增进家长对学校工作的了解和支持。通过与家长的深入交流，班主任可以更加全面地了解学生的情况和需求，从而为学生制订更加个性化的教育计划提供支持和帮助。

其次，班主任还可以通过电话、短信、邮件等方式与家长保持日常联系。在这些沟通中，班主任可以及时告知家长学生的学习进展、作业完成情况以及需要家长配合的事项等。同时，班主任也要鼓励家长主动与自己联系，及时反馈学生在家庭中的表现和情感变化，以便双方能够更好地协作，共同为学生的成长创造良好的环境。

在与家长沟通交流的过程中，班主任需要注意几点：一是要尊重家长的意见和建议，以平等、开放的态度与家长进行对话；二是要关注学生的全面发展，不仅关注学生的学业成绩，还要关注学生的品德、心理健康等方面；三是要善于倾听家长的诉求和困惑，并给予积极的回应和帮助；四是要保护学生和家庭的隐私，不泄露学生和家庭的个人信息。

通过这些措施，班主任可以与家长建立良好的合作关系，共同为学生的全面发展提供有力的支持。

四、情感协调：调解学生间情感冲突与纠纷

（一）及时发现并处理情感冲突与纠纷

初中是学生情感波动较大的阶段，他们面临着身心变化、学业压力、人际关系等多重挑战，因此，学生间的情感冲突和纠纷在班级管理中是一个不可忽视的问题。作为班主任，需要具备敏锐的洞察力和处理问题的能力，及时发现并妥善处理学生间的情感冲突。

在日常管理中，班主任可以通过观察学生的言行举止、留意学生的情绪变化、关注学生的社交动态等方式，及时发现学生间可能存在的情感冲突。一旦发现学生间存在情感冲突，班主任需要第一时间介入，了解冲突的具体情况，包括冲突的起因、经过、涉及的学生以及各方的观点和感受等。在了解情况的过程中，班主任需要保持中立和客观的态度，不偏袒任何一方，确保能够公正地处理冲突。

针对不同类型的情感冲突，班主任可以采取不同的处理方式。例如，对于一些轻微的、不涉及原则性问题的冲突，班主任可以通过引导学生进行沟通、协商或者提供调解等方式来化解矛盾；对于一些较为严重的、涉及欺凌等问题的冲突，班主任需要及时上报学校并采取相应的措施来保护学生的权益和安全。在处理情感冲突的过程中，班主任还需要注重保护学生的隐私和尊严，避免将冲突扩大化或者对学生造成不必要的伤害。

（二）公正公平地处理问题

公正公平是处理学生间情感冲突的基本原则。在处理情感冲突时，班主任必须坚持公正公平的原则，确保每个学生都能得到平等对待和尊重。在处理过程中不偏袒任何一方，根据事实和证据作出客观的判断和处理。

为了做到公正公平地处理问题，班主任可以采取以下措施：首先，了解冲突的双方观点和证据，确保对冲突的全面了解；其次，遵循学校的相关规定和程序进行处理，确保处理的合法性和规范性；最后，保持开放和透明的态度，让学生和家长了解处理的过程和结果，增强他们对处理结果的信任和认可。

（三）引导学生学会宽容与理解

宽容和理解是解决情感冲突的关键。通过教育和引导，让学生认识到每个人都有自己独特的情感和经历，应该相互尊重和理解。在处理学生间的情感冲突时，班主任要注重引导学生学会宽容和理解他人的不同观点和感受。

为了引导学生学会宽容与理解，班主任可以采取以下措施：首先，通过课堂教育、主题班会等形式，向学生传授宽容和理解的理念，引导他们认识到人与人之间的差异和多样性；其次，组织丰富多彩的活动，增进学生之间的了解和交流，培养他们的团队精神和合作意识；最后，在处理具体冲突时，引导学生换位思考，站在对方的角度去理解问题，从而找到双方都能接受的解决方案。

在具体实践中，班主任可以采取多种方式来培养学生的宽容心态和理解能力。比如，组织多元文化交流活动，让学生了解不同文化背景和习俗，培养他们的跨文化交流能力；开设心理学相关课程，帮助学生了解人类情感和行为的规律，提高他们的自我认知和情感管理能力；开展团队建设活动，让学生在合作中学会互相支持和理解，培养他们的团队精神和协作能力。

通过这些方式，班主任可以帮助学生在面对情感冲突时更加成熟、理智地处理问题，促进班级和谐氛围的形成。同时，也有助于培养学生的健全人格和良好的道德品质，为他们的未来发展打下坚实的基础。

第三节 班主任与学生情感管理的挑战

一、学生情感多样性带来的挑战

（一）个性差异与情感需求

每个学生都是独一无二的个体，他们拥有自己独特的个性和情感需求。这种个性差异不仅体现在学生的外貌、性格和行为方式上，更深入地影响着他们的情感表达和情感需求。因此，班主任在面对众多学生时，如何理解和满足每个学生独特的情感需求，成为一项极具挑战性的任务。

有些学生天生情感丰富，善于表达自己的情感和想法。他们可能会主动与班主任分享自己的喜怒哀乐，寻求情感上的支持和安慰。对于这类学生，班主任需要给予足够的关注和回应，让他们感受到被理解和被关心的温暖。同时，班主任也要引导他们学会适当地控制自己的情感表达，培养他们的情感自我调控能力。

与之相对应的，另一些学生则可能性格内敛，不善于表达自己的情感。他们可能会将自己的情感深藏在内心，不愿意轻易向他人展露。对于这类学生，班主任需要更加细心和耐心，通过观察他们的行为和表情来察觉他们的情感变化。同时，班主任也要鼓励他们敞开心扉，表达自己的情感和想法，帮助他们建立自信和情感表达的勇气。

（二）文化背景与价值观冲突

学生来自不同的家庭和文化背景，他们的价值观和情感表达方式可能存在差异。这种差异可能导致学生在情感交流和理解上产生障碍，增加班主任情感管理的难度。因此，班主任需要充分了解学生的文化背景和价值观，尊重他们的个性和情感表达方式，以更加包容和理解的态度来面对学生的情感问题。

在处理文化背景和价值观冲突时，班主任可以采取以下措施：首先，积极与学生沟通交流，了解他们的文化背景和家庭环境；其次，尊重学生的价值观和情感表达方式，不轻易对他们的行为进行评判或指责；最后，通过多元文化教育的方式，引导学生认识和理解不同文化背景下的情感表达方式和价值观差异，培养他们的跨文化交流能力。

（三）情绪波动与不稳定性

初中生正处于青春期这一特殊阶段，他们的情绪波动较大，容易受到外界因素的影响。这种情绪波动可能使得学生在某些时候表现出强烈的情感反应，而在另一些时候则显得冷漠或无动于衷。这种不稳定性给班主任的情感管理带来了一定的挑战。

为了有效应对学生的情绪波动和不稳定性，班主任需要采取以下措施：首先，保持对学生的密切关注，及时发现他们的情感变化；其次，与学生建立信任关系，让他们愿意主动分享自己的心事和烦恼；最后，提供必要的情感支持和辅导，帮助学生稳定情绪、调整心态。同时，班主任还可以通过开展心理健康教育活动等方式增强学生的心理素质，帮助他们更好地应对生活中的挑战和压力。

（四）社交压力与同伴影响

初中生正处于社交能力发展的重要时期，他们在社交方面面临着较大的压力。他们渴望被同伴接纳和认可，而这种渴望往往使得他们容易受到同伴情感态度和行为的影响。这种影响有时甚至会超过家庭和学校的教育作用，对学生的情感发展产生深远影响。

为了缓解学生的社交压力并减少同伴间的负面影响，班主任可以采取以下措施：首先，营造一个积极、健康的班级氛围，鼓励学生之间建立友好、互助的关系；其次，定期开展团队建设活动，增强学生的团队意识和协作精神；最后，密切关注学生的社交动态，及时发现并解决由社交压力引发的情感问题。同时，班主任还可以通过与家长的紧密合作，共同引导学生建立良好的社交网络，帮助他们更好地应对社交压力和挑战。

二、情感表达障碍的识别与应对

（一）观察与识别

作为班主任，首先需要具备敏锐的观察力，以便能够及时发现学生在情感表达上存在的障碍。这种观察力不仅包括对学生言语表达的关注，更包括对他们非言语信号的捕捉。

在日常与学生相处的过程中，班主任要时刻留意学生的面部表情、肢体语言等非言语信号。这些信号往往能更真实地反映学生的内心世界。例如，一个学生可能在言语上表达得十分乐观，但他紧皱的眉头和躲闪的眼神却可能暗示着他内心的焦虑和不安。

除了非言语信号，班主任还要关注学生的日常行为和情绪变化。比如，一个平时活泼开朗的学生突然变得沉默寡言，或者一个平时认真学习的学生突然对学习失去兴趣，这些都可能是学生情感障碍的表现。班主任需要细心观察，及时发现这些异常变化，并进一步了解背后的原因。

在观察和识别的过程中，班主任需要注意的是，每个学生的情感表达方式都是独特的，没有固定的标准。因此，班主任需要以开放和包容的心态去理解学生的情感世界，不要轻易对学生的情感表达作出判断或评价。

（二）倾听与理解

当学生遇到情感困扰时，他们往往需要一个倾诉的对象。作为班主任，需要扮演好这个倾听者的角色，耐心倾听学生的诉说，理解他们的感受和需求。

在倾听的过程中，班主任要保持专注和耐心，不要急于打断学生的发言或给出建议。而是要给予学生充分的时间和空间来表达自己，让他们感到被尊重和被理解。同时，班主任还要通过积极的反馈和回应来鼓励学生继续表达，比如点头、微笑、重复学生的话语等。

在理解学生的情感时，班主任需要站在学生的角度去思考问题，设身处地地感受学生的情感世界。这要求班主任具备一定的共情能力，能够体会学生的喜怒哀乐，理解他们的困惑和烦恼。通过这样的理解和共鸣，班主任可以更好地把握学生的情感状态，为后续的情感干预提供依据。

（三）提供情感支持

对于存在情感表达障碍的学生，班主任需要提供必要的情感支持。这种支持可以是直接的关心和鼓励，也可以是间接的心理咨询服务或推荐专业机构等资源。

首先，班主任要给予学生足够的关心和鼓励。让学生感到自己是被关注和被重视的。这种关心和鼓励可以通过言语表达、肢体接触、肯定的眼神等方式传递给学生。同时，班主任还要在日常学习和生活中给予学生实际的帮助和支持，比如提供学习资源、解决生活困难等。

其次，对于需要专业心理支持的学生，班主任可以提供心理咨询服务或推荐相关机构。这些机构通常有专业的心理咨询师或心理医生，能够为学生提供更为深入和专业的情感支持和治疗。班主任可以与学校心理咨询中心、社会心理咨询机构等建立联系和合作关系，以便在学生需要时及时提供帮助和支持。

三、处理学生情感危机的策略与技巧

（一）保持冷静与理智

在处理学生的情感危机时，班主任首先需要做到的就是保持冷静和理智。学生的情感危机可能表现为情绪波动、行为异常、学业成绩下滑、人际关系紧张等多种形式，这些情况都可能让班主任感到焦虑和担忧。然而，作为班级的管理者和指导者，班主任必须学会在面对危机时保持冷静，以便能够作出明智的决策和提供有效的帮助。

保持冷静和理智有助于班主任更好地分析学生的情感危机，了解问题的本质和根源。在处理危机时，班主任需要对学生的情绪和行为进行客观的观察和分析，避免被学生的情绪所左右。只有保持冷静的头脑，才能准确地识别问题的关键所在，从而采取有针对性的措施来解决问题。

同时，保持冷静和理智也有助于班主任在处理危机时保持耐心和毅力。情感危机的解决往往需要时间和耐心，班主任需要坚定地相信学生能够克服困难，走出困境。在这个过程中，班主任需要给予学生足够的支持和鼓励，帮助他们逐步建立起积极的心态和自信。

（二）建立信任关系

与学生建立信任关系是处理情感危机的关键。信任是沟通的基础，只有建立了信任关系，学生才会更愿意向班主任敞开心扉，分享自己的内心世界。这样，班主任才能更好地了解学生的需求和问题，从而提供有针对性的帮助和支持。

为了与学生建立信任关系，班主任需要表现出真诚和关心。首先，班主任要尊重学生，尊重他们的感受、观点和经历。在与学生交流时，要倾听他们的想法和意见，给予他们充分的表达空间。同时，班主任还要关心学生的生活和成长，关注他们的需求和困难，及时给予帮助和支持。

其次，班主任在处理学生的情感危机时要保密。学生的个人隐私和情感问题都是非常敏感的，班主任必须严格保守秘密，不将学生的个人信息和情感问题泄露给其他人。这样可以让学生感到安全和信任，更愿意与班主任分享自己的内心世界。

最后，班主任还要通过积极的行动来赢得学生的信任。比如，在处理学生的情感危机时，要公正、公平地对待每一个学生，不偏袒任何一方；要尊重学生的选择和决定，不强制干涉他们的生活和学习；要为学生提供实质性的帮助和支持，帮助他们解决实际问题和困难。通过这些行动，可以让学生感受到班主任的真诚和关心，从而建立起信任关系。

（三）寻求专业帮助

当学生的情感危机超出自己的处理能力时，班主任需要及时寻求专业帮助。虽然班主任在班级管理中扮演着重要的角色，但并不是所有的情感危机都能由班主任独立解决。有些情感危机可能涉及复杂的心理问题或精神疾病，需要专业的心理咨询师或心理医生进行干预和治疗。

在寻求专业帮助时，班主任可以先与学校的心理咨询师或心理医生进行沟通和咨询。他们具有专业的知识和技能，可以为学生提供更为全面和深入的帮助。同时，学校的心理咨询中心和心理健康教育课程也是学生获取专业帮助的重要渠道。通过这些渠道，学生可以了解更多的心理健康知识和技巧，提高自己的心理素质和应对能力。

除了学校的专业资源外，班主任还可以推荐学生及其家长寻求社会上的专业心理咨询机构或心理医生的帮助。这些机构和专业人士具有更为丰富的经验和资源，可以为学生提供更为个性化和专业的服务。同时，他们也可以为学生提供更为长期和持续的关注和支持，帮助学生更好地应对情感危机和挑战。

四、提升自我情感管理能力，以更好地服务学生

（一）增强自我认知

自我认知是提升情感管理能力的第一步。作为班主任，我们首先需要深入了解自己的情感状态和需求。这不仅有助于我们更好地管理自己的情绪，还能为学生树立一个积极的榜样。

为了增强自我认知，班主任可以进行定期的反思和自我评估。这包括回顾自己在特定情境下的情感反应，分析这些反应背后的原因和需求。通过这种方式，我们可以逐渐发现自己的情感模式和行为习惯，进而识别出潜在的问题和挑战。

在反思和自我评估的过程中，班主任需要保持开放和诚实的态度。这意味着要勇于面对自己的弱点和不足，而不是回避或否认它们。通过正视自己的情感问题，我们可以更积极地寻求改进的方法，并不断提升自己的情感管理能力。

此外，班主任还可以通过参加专业培训、阅读相关书籍或寻求心理咨询等方式来增强自我认知。这些途径可以帮助我们获取更多的情感管理知识和技巧，从而更好地应对日常工作中的情感挑战。

（二）学习情绪调节技巧

情绪调节技巧对于提升自我情感管理能力具有至关重要的作用。作为班主任，需要学会如何有效地调节自己的情绪，以便在面对各种压力和挑战时保持冷静和理智。

首先，班主任可以学习一些简单的放松技巧，如深呼吸、冥想和渐进性肌肉松弛等。这些技巧可以帮助我们在紧张或焦虑时迅速缓解身体和心理的压力。

其次，班主任可以借鉴积极心理学中的一些方法来提升自己的幸福感和满足感。例如，通过培养感恩的心态、关注生活中的美好事物以及设定可实现的

目标等方式来提升自己的积极情绪。

最后，班主任还可以学习一些认知重构技巧，如重新评价负面事件、调整自己的思维模式以及寻找问题的解决方案等。这些技巧可以帮助我们更积极地应对挑战和压力，从而保持良好的情绪状态。

（三）培养同理心

同理心是理解他人情感的关键能力，对于班主任来说尤为重要。通过培养学生的同理心，我们不仅可以帮助他们更好地理解他人的感受和需求，还能为他们营造一个更加和谐友爱的班级氛围。同时，提升自己的同理心水平也能让我们更加贴近学生的内心世界，从而更有效地进行情感管理。

首先，班主任首先需要学会换位思考。这意味着我们要尝试站在学生的角度去理解他们的情感和需求，而不是仅仅从自己的立场出发。通过设身处地地体验学生的感受，我们可以更深入地了解他们的内心世界，并找到更合适的情感管理方法。

其次，倾听是培养同理心的关键技能。作为班主任，我们需要耐心倾听学生的诉说，给予他们充分的时间和空间来表达自己。在倾听的过程中，我们要保持专注和尊重的态度，不要急于打断或给出建议。通过倾听学生的心声，我们可以更好地理解他们的情感和需求，从而为他们提供更有针对性的支持和帮助。

最后，班主任还可以通过开展团队合作活动、组织角色扮演游戏等方式来培养学生的同理心。这些活动可以让学生有机会体验不同角色的情感和需求，从而增强他们的共情能力和团队协作能力。同时，我们也可以在这些活动中观察学生的表现和需求，以便更准确地把握他们的情感状态并提供相应的支持。

总之，提升自我情感管理能力是班主任工作的重要组成部分。通过增强自我认知、学习情绪调节技巧和培养同理心等方法，我们可以更好地管理自己的情绪，并为学生提供更加全面和有效的情感支持。这将有助于营造一个积极、健康、和谐的班级氛围，促进学生的全面发展。

第三章 情感教育的组织与实施

第一节 情感教育的课程设计与安排

一、课程目标：明确情感教育的培养目标和期望成果

（一）培养学生健康的情感态度和价值观

情感教育的首要目标是帮助学生建立健康的情感态度和价值观。通过课程的学习，学生应该能够理解和尊重自己及他人的情感，形成积极、乐观、包容的情感态度，并树立正确的价值观和道德观。

（二）提高学生的情感表达和沟通能力

情感教育的另一个重要目标是提高学生的情感表达和沟通能力。学生应该能够准确地表达自己的情感和需求，有效地与他人进行情感交流，并学会倾听和理解他人的情感。这将有助于学生在人际交往中建立良好的关系，提高社会适应能力。

（三）增强学生的自我认知和自我管理能力

通过情感教育，学生应该能够更深入地了解自己的内心世界，包括自己的情感、需求和价值观等。同时，学生还应该学会管理自己的情绪和行为，以更积极、健康的方式应对生活中的挑战和压力。

二、课程内容：选择适合初中生情感发展的主题和素材

（一）自我认知与自我接纳

在情感教育中，自我认知和自我接纳是非常重要的主题。通过引导学生认识自己的优点和不足，接受自己的独特性，学生可以建立自信和自尊，从而更好地面对生活中的挑战。此外，还可以通过一些心理测试、角色扮演等活动帮

助学生更深入地了解自己。

（二）情绪管理与调节

情绪管理与调节是情感教育中的核心内容。通过教授学生一些情绪调节的技巧和方法，如深呼吸、冥想、积极思维等，令学生可以更好地管理自己的情绪，保持情绪的稳定和积极。同时，还可以通过案例分析、情境模拟等活动让学生了解不同情绪的表达方式和处理方法。

（三）人际交往与沟通技巧

人际交往与沟通技巧是情感教育中不可或缺的一部分。通过教授学生一些基本的沟通技巧和策略，如倾听、表达、反馈等，学生可以更好地与他人进行情感交流，建立良好的人际关系。此外，还可以通过小组讨论、角色扮演等活动让学生在实践中学习和掌握沟通技巧。

（四）应对压力与挫折

应对压力与挫折是情感教育中的重要主题之一。通过引导学生正确面对压力和挫折，教授他们一些积极的应对策略和方法，如积极心态的培养、寻求社会支持等，使学生可以更好地应对生活中的挑战和压力。此外，还可以通过心理辅导、心理咨询等活动为学生提供个性化的支持和帮助。

三、课程结构：合理规划情感教育课程的框架和流程

（一）课程导入：激发学生的兴趣和参与度

在课程的开始阶段，教师可以通过生动的案例、有趣的游戏等方式激发学生的兴趣和参与度，为后续的课程学习打下良好的基础。同时，教师还可以通过与学生的互动了解他们的需求和期望，以便更好地调整课程内容和方法。

（二）知识讲解：传授相关的情感知识和技能

在知识讲解环节，教师可以通过讲解、演示等方式向学生传授相关的情感知识和技能。这包括自我认知、情绪管理、人际交往等方面的知识和技能。在传授过程中，教师可以结合实例和案例进行分析和讨论，帮助学生更好地理解和掌握相关知识。

（三）实践活动：让学生在实践中学习和体验

实践活动是情感教育课程中非常重要的一部分。通过设计一些与课程内容相关的实践活动，如小组讨论、角色扮演、心理测试等，让学生在实践中学习和体验相关的情感知识和技能。这将有助于学生更好地理解和掌握相关知识，并提高他们的实际应用能力。

（四）总结反馈：评估学生的学习效果和提供改进建议

在课程的结束阶段，教师可以通过总结反馈的方式评估学生的学习效果和提供改进建议。这包括对学生的表现和成果进行评价和分析，指出他们在学习中存在的问题和不足，并提供有针对性的改进建议和指导。同时，教师还可以鼓励学生分享自己的学习体验和收获，以便更好地了解他们的学习情况和需求。

第二节　情感教育的教学方法与策略

一、情境教学法：创设情感教育的真实场景和情境

（一）借助多媒体技术，再现真实情境

随着科技的不断发展，多媒体技术已经成为现代教育的重要工具之一。在情感教育中，班主任可以充分利用多媒体技术，为学生再现真实的情感场景和情境，让学生在身临其境的感受中学习和体验情感知识。

首先，班主任可以利用投影仪、电脑等设备，为学生展示与情感教育相关的图片、视频、音频等素材。这些素材可以是真实的情感场景，也可以是模拟的情感情境，通过视觉、听觉等多种感官的刺激，让学生更直观地感受和理解情感。例如，通过展示一些真实的情感冲突场景，学生可以更深入地了解情感冲突的原因和解决方法；通过播放一些感人的音乐或视频，学生可以更深刻地体验到情感的感染力和影响力。

其次，班主任还可以利用多媒体技术为学生创建互动式的情感学习环境。例如，利用虚拟现实技术或增强现实技术，学生可以在一个模拟的情感场景中

自由探索和学习。这种互动式的学习方式不仅可以激发学生的学习兴趣和积极性，还可以让他们在亲身体验中更深入地理解和掌握情感知识。

（二）布置模拟场景，亲身体验

除了借助多媒体技术再现真实情境外，班主任还可以通过布置模拟场景的方式，让学生在亲身体验中学习和感受情感知识。这种方式可以让学生更加深入地了解情感的内涵和外延，并培养他们的实际操作能力和团队协作能力。

首先，班主任可以根据情感教育的内容和目标，设计和布置相应的模拟场景。例如，针对自我认知和自我接纳的情感教育目标，可以布置一个"自我探索之旅"的模拟场景，让学生通过一系列的任务和活动了解自己的内心世界；针对情绪管理和调节的目标，可以设置一个"情绪实验室"的模拟场景，让学生学习和实践各种情绪调节技巧和方法。

其次，在模拟场景中，班主任可以安排学生进行角色扮演或实际操作。通过扮演不同的角色或参与不同的活动，学生可以更深入地了解不同情感的表达方式和处理方法，并学会与他人进行有效的情感交流。同时，这种亲身体验的方式也可以让学生更加直观地感受到情感的复杂性和多样性，从而培养他们的同理心和共情能力。

（三）结合生活实际，引发共鸣

情感教育的最终目的是引导学生正确处理生活中的情感问题，提高他们的情感素养和生活质量。因此，班主任在创设情感教育情境时，应该结合学生的生活实际，选择与学生生活密切相关的主题和素材，让学生在情境中产生共鸣，从而更深入地理解情感教育的内容和意义。

首先，班主任可以通过了解学生的生活和成长经历，选择与学生生活密切相关的情感主题和素材。例如，针对初中生普遍存在的亲子关系、同伴关系等情感问题，可以选择相应的主题和素材进行情感教育。这些主题和素材不仅容易引起学生的共鸣和关注，还可以帮助他们更好地理解和处理自己的情感问题。

其次，班主任还可以通过组织实践活动或案例分析等方式，将情感教育的内容与学生的生活实际相结合。例如，可以组织学生进行亲子沟通的实践活动或分析一些真实的亲子关系案例，让学生在实际操作中学习和掌握亲子沟通的技巧和方法；也可以引导学生分析一些同伴关系的案例或组织相关的团队活动，让学生在实践中了解同伴关系的重要性和处理方法。

二、角色扮演法：引导学生通过角色扮演体验情感

（一）选定角色，明确任务

在角色扮演法中，选定角色并明确各自的任务和职责是至关重要的第一步。这一环节能够帮助学生更好地理解所要探讨的情感主题，并在扮演过程中深入地体验角色的情感与行为。班主任在此过程中扮演着引导者的角色，需要细致地指导学生进行角色的选择，确保每个学生都能够找到适合自己的角色，从而更好地投入到情感教育的过程中。

首先，班主任可以根据情感教育的目标和内容，为学生提供一系列的角色选项。这些角色可以是与情感教育主题密切相关的，如家庭成员、朋友、老师、同学等，也可以是与特定情境相关的角色，如面对挫折的人、需要帮助的人等。通过提供多样化的角色选项，可以激发学生的学习兴趣和参与度，同时也能够让他们更全面地了解不同情感状态下的行为和反应。

在选定角色的过程中，班主任需要与学生进行充分的沟通和交流。了解学生的兴趣和意愿，尊重他们的选择，并给予必要的指导和建议。同时，班主任还需要确保每个学生都能够明确自己的任务和职责，知道自己在角色扮演中需要做什么、达到什么目标。这样可以避免学生在扮演过程中出现迷茫或不知所措的情况，确保角色扮演的顺利进行。

通过角色的选定和任务的明确，学生可以更好地进入角色，深入体验角色的情感和行为。这种体验不仅有助于学生理解角色的内心世界和情感状态，还能够培养他们的同理心和共情能力。同时，角色扮演的过程也可以成为学生自我探索和自我认知的重要途径，帮助他们更好地认识自己、理解自己的情感需求和特点。

（二）分组表演，互相学习

分组表演是角色扮演法的重要环节之一。通过将学生分成若干小组，每组学生分别扮演不同的角色并进行表演，可以为学生提供更多的实践机会和互动

空间。这种分组表演的方式不仅能够让学生更好地理解和体验角色的情感和行为，还能够促进他们之间的互相学习和交流。

在分组表演的过程中，班主任需要给予学生充分的自主权和发挥空间。鼓励学生根据自己的理解和创意来塑造角色形象、设计表演内容，让他们在表演中充分展现自己的个性和才华。同时，班主任也需要对每个小组的表演进行观察和指导，确保表演的内容与情感教育的目标相符合，及时给予必要的反馈和建议。

通过分组表演的方式，学生可以互相学习、互相借鉴。他们可以从其他同学的表演中汲取灵感和启示，发现自己的不足之处并加以改进。这种互相学习的过程不仅能够提高学生的表演水平和情感体验能力，还能够培养他们的团队合作精神和协作能力。同时，分组表演的过程也可以成为学生之间建立深厚友谊和信任关系的重要途径。

（三）观察与反馈，提升认知

在角色扮演的过程中，班主任的观察和反馈是至关重要的环节。通过观察学生的表演和听取其他同学的意见和建议，可以让学生更好地认识自己的优点和不足，从而提升自我认知和情感管理能力。

首先，班主任需要对学生的表演进行细致的观察。这包括观察学生的表情、动作、语气等细节，捕捉他们在角色扮演中的真实反应和情感表达。通过观察学生的表演，班主任可以了解他们对角色的理解程度以及他们在情感表达上的优势和不足。

其次，班主任需要及时给予反馈和建议。在观察完学生的表演后，班主任可以与学生进行一对一或小组的讨论，分享自己的观察和感受。在反馈中，班主任可以指出学生在表演中的亮点和进步之处，给予他们充分的肯定和鼓励。同时，班主任也需要指出学生在表演中存在的问题和不足之处，并提供具体的改进建议和指导。这种及时的反馈和建议可以帮助学生更好地认识自己的优点和不足，激发他们的自我反思和自我提升的动力。

除了班主任的反馈和建议，学生之间的互评也是非常重要的环节。学生之间可以互相分享观看表演的感受和意见，提出建设性的建议和帮助。这种互评的方式可以让学生从多个角度了解自己的表演效果，发现更多的问题并进行改进。同时，学生之间的互评也可以促进他们之间的交流和合作，增强他们的团队意识和协作精神。

通过观察和反馈的环节，学生可以更深入地了解自己的情感状态和需求，提升自我认知和情感管理能力。他们可以更清楚地认识到自己在情感表达上的优势和不足，从而更好地掌控自己的情绪和行为。此外，学生还可以通过观察和反馈了解到其他同学的情感表达方式和技巧，从而拓宽自己的视野和思路，提升自己的情感表达水平。

（四）总结与反思，深化理解

角色扮演结束后，班主任需要引导学生进行总结和反思。这一环节是情感教育的重要组成部分，能够帮助学生更深入地理解情感教育的内容和意义，从而更好地应对生活中的情感问题。

首先，班主任可以组织学生进行小组讨论或个人反思，让他们回顾自己在角色扮演过程中的经历和感受。通过回顾和总结，学生可以重新审视自己在角色扮演中的表现，思考自己在情感表达和处理上的得失。他们可以分享自己在角色扮演中的成功经验和收获，也可以反思自己在某些方面的不足和需要改进的地方。

其次，班主任可以引导学生深入思考角色扮演背后的情感主题和意义。通过讨论和分析，学生可以更深入地理解情感教育的目标和内容，领悟到情感教育的真正价值所在。他们可以将角色扮演中的经验和感受与自己的生活实际相联系，思考如何在日常生活中更好地应用情感教育的理念和技巧。

最后，班主任可以鼓励学生将总结和反思的结果转化为实际行动计划，指导他们在未来的学习和生活中更好地管理自己的情绪和行为。通过制订具体的行动计划，学生可以更有针对性地提升自己的情感管理能力，逐步实现自我成长和完善。

总结与反思的过程不仅可以帮助学生深化对情感教育的理解，还能够培养他们的批判性思维和自我反思能力，提高他们的情感智慧和情商水平。同时，这一过程也可以帮助学生建立积极的生活态度和价值观，使他们能够更好地应对生活中的挑战和压力，实现个人的全面发展和成长。

三、讨论与分享法：鼓励学生开放交流，分享内心感受

（一）设置讨论主题，引导思考

讨论与分享法是一种以学生为主体的教学方法，它强调学生在讨论中的主动性和参与性。因此，设置具有针对性和引导性的讨论主题是至关重要的。班主任可以根据情感教育的目标和内容，结合学生的实际需求和兴趣点，精心设计讨论主题。这些主题应该能够引起学生的兴趣和思考，激发他们的讨论欲望。

在设置讨论主题时，班主任需要注意几点：首先，主题应该与情感教育的目标和内容紧密相关，能够引导学生思考和探讨与情感教育相关的问题；其次，主题应该具有开放性和多元性，能够容纳不同观点和看法的交流和碰撞；最后，主题应该符合学生的认知水平和生活经验，能够让他们有话可说、有感而发。

通过设置明确的讨论主题，班主任可以引导学生围绕主题进行深入思考和交流。在讨论过程中，班主任可以适时地提出问题和挑战，激发学生的思考深度和广度。同时，班主任还可以通过鼓励和肯定学生的发言和观点，增强学生的自信心和表达欲望。

（二）分组讨论，充分交流

分组讨论是讨论与分享法的重要环节之一。通过分组讨论，可以让学生充分表达自己的观点和感受，同时倾听他人的意见和看法。这种交流方式不仅可以增强学生的沟通能力和团队协作精神，还可以帮助他们更全面地了解问题的不同方面和角度。

在分组讨论中，班主任需要注意几点：首先，要合理分组，确保每个小组的学生具有不同的背景和观点，以便产生更多的交流和碰撞；其次，要明确小组讨论的规则和要求，如尊重他人的意见、认真倾听、积极发言等；最后，要给予足够的时间和空间让学生充分交流和讨论，不要过早地打断或干预学生的讨论过程。

在分组讨论中，班主任可以巡视各小组的讨论情况，了解他们的进展和问题。如果发现小组讨论偏离了主题或者出现了争议和冲突，班主任可以适时地进行引导和协调。同时，班主任还可以通过观察和记录学生的表现和反应，为

后续的情感教育工作提供参考和依据。

（三）分享与交流，增进理解

在讨论结束后，班主任可以邀请学生代表上台分享自己小组的讨论结果和心得体会。通过分享与交流，可以让学生之间增进理解和信任，同时也可以让学生感受到被关注和支持的温暖。此外，班主任还可以对学生的分享进行点评和引导，帮助学生更好地理解和掌握情感教育的内容和意义。

在分享与交流环节中，班主任需要注意几点：首先，要认真倾听学生的分享，给予他们足够的尊重和鼓励；其次，要对学生的分享进行客观公正的评价，指出其中的优点和不足，并给出建设性的意见和建议；最后，要引导学生对其他小组的分享进行点评和补充，促进全班范围内的交流和互动。

通过分享与交流环节，可以让学生更加深入地了解彼此的观点和感受，增进彼此之间的理解和信任。同时，这种互动和交流也可以帮助学生锻炼自己的口头表达能力和沟通技巧，提高他们的自信心和表达能力。此外，班主任还可以通过点评和引导，帮助学生更好地理解和掌握情感教育的内容和意义，提高他们的情感素养和综合素质。

（四）总结与归纳，提升认知

在讨论与分享过程中，班主任需要对学生的观点和感受进行总结和归纳。通过总结和归纳，可以让学生更清晰地认识自己的情感状态和需求，同时也可以帮助学生提升自我认知和情感管理能力。此外，班主任还可以根据学生的表现和反应，对情感教育的内容和策略进行调整和完善，以更好地满足学生的需求。

在总结与归纳环节中，班主任需要注意几点：首先，要对全班的讨论情况进行全面的回顾和总结，概括出主要观点和结论；其次，要对学生的表现进行客观公正的评价，指出其中的优点和不足，并给出建设性的意见和建议；最后，要根据学生的反馈和需求，对情感教育的内容和策略进行调整和完善，以提高教育效果和质量。

通过总结与归纳环节，可以让学生更加清晰地认识自己的情感状态和需求，提高他们的自我认知和情感管理能力。同时，这种反思和调整也可以帮助班主任更好地了解学生的实际需求和问题，为后续的情感教育工作提供更有针对性和有效的支持与帮助。此外，这种总结与归纳还可以为班级管理和教育教学工作提供有益的参考和借鉴，促进班级和学校的整体发展。

四、艺术与表达法：运用音乐、舞蹈等艺术形式表达情感

（一）选定艺术形式激发情感

在情感管理中，艺术与表达法为初中班主任提供了一种富有创造性和感染力的手段。艺术本身就具有强大的情感表达能力，能够触及学生内心最深处的感受和思考。班主任可以充分利用这一点，根据学生的兴趣和特长选择适合的艺术形式，从而激发学生的情感表达欲望。

音乐、舞蹈、绘画等艺术形式都是非常适合初中生进行情感表达的途径。音乐可以通过旋律和节奏传达出各种复杂的情感，舞蹈可以通过身体语言展现出内心的激情与挣扎，绘画则可以通过色彩和线条描绘出学生心中的世界。

通过选定艺术形式，班主任可以为学生创造一个安全、自由的环境，让他们更自由地表达自己的内心感受和情感状态。这种自由的表达方式不仅有助于学生更好地认识自己，还能帮助他们建立自信，学会如何与他人进行有效的情感沟通。

在实施这一方法时，班主任需要对学生的兴趣和特长有深入的了解，确保所选的艺术形式能够真正引起学生的共鸣和兴趣。同时，班主任也需要为学生提供必要的艺术资源和指导，确保他们能够充分发挥自己的创造力和想象力，通过艺术形式真实地表达自己的情感。

（二）创作与表演展现情感

在选定艺术形式之后，班主任的下一步是引导学生进行创作和表演。创作和表演是艺术教育中最具活力和创造力的部分，也是学生展现自己情感和需求的重要途径。

通过创作和表演，学生可以将自己的情感融入艺术作品中，以更生动、形象的方式展现自己的情感状态和需求。例如，在音乐创作中，学生可以通过歌词和旋律来表达自己的喜怒哀乐；在舞蹈表演中，学生可以通过动作和表情来展现自己的内心世界；在绘画创作中，学生可以通过色彩和构图来描绘自己的

情感风景。

创作和表演过程本身也可以成为学生情感体验和管理的有效途径。在创作过程中，学生需要深入挖掘自己的内心感受和思考，学会如何将自己的情感转化为艺术作品。在表演过程中，学生需要学会如何将自己的情感真实地传达给观众，同时也需要学会如何控制自己的情绪和表达。

为了帮助学生更好地进行创作和表演，班主任可以提供必要的指导和支持。例如，可以为学生提供艺术创作的灵感和素材，帮助他们完善自己的艺术作品；可以为学生提供表演技巧和训练，帮助他们更好地展现自己的情感和需求。同时，班主任也需要鼓励学生勇于尝试和创新，让他们在创作和表演中充分发挥自己的个性和创造力。

（三）欣赏与评价提升审美

除了创作和表演之外，班主任还可以引导学生欣赏和评价他人的艺术作品。欣赏和评价他人的艺术作品是提升学生审美能力和情感鉴赏力的重要途径。通过欣赏和评价他人的作品，可以让学生接触到不同的艺术风格和表达方式，从而拓宽自己的艺术视野，丰富自己的情感世界。

在欣赏和评价他人的艺术作品时，班主任可以引导学生关注作品的主题、情感表达、艺术技巧等方面，同时也可以鼓励学生发表自己的看法和感受。通过欣赏和评价他人的作品，可以让学生学会如何理解和尊重他人的情感和创意，同时也可以让学生从他人的作品中获得启发和灵感，激发自己的创造力和想象力。

为了帮助学生更好地进行欣赏和评价，班主任可以为学生提供一些基本的艺术知识和技巧，如艺术史、艺术批评等，同时也可以为学生提供一些优秀的艺术作品供他们欣赏和评价。此外，班主任还可以组织一些艺术展览、演出等活动，让学生有机会亲身感受艺术的魅力和力量。

（四）总结与反思深化理解

艺术创作和表演结束后，班主任需要引导学生进行总结和反思。总结和反思是情感教育的重要环节，也是帮助学生深入理解自己和他人情感状态和需求的关键步骤。

在总结和反思过程中，班主任可以引导学生回顾自己的创作和表演经历，分享自己的感受和体验，同时也可以鼓励学生对他人的作品进行评价和交流。通过总结和反思，可以让学生更深入地理解自己和他人的情感状态和需求，同时也可以帮助学生提升自我认知和情感管理能力。

此外，总结和反思还可以为班主任提供宝贵的信息和反馈，帮助班主任了解学生的情感需求和问题，从而更好地调整和完善情感教育的内容和策略。通过不断的总结和反思，班主任可以逐渐摸索出适合自己班级的情感教育方法，为学生的全面发展提供更加有效的支持和帮助。

在实施总结与反思的过程中，班主任需要保持开放和包容的态度，鼓励学生勇于表达自己的真实感受和看法。同时，班主任也需要提供必要的指导和支持，帮助学生厘清思路、明确方向，从而更好地实现自我成长和发展。

第三节　情感教育资源的整合与利用

一、校内资源：充分利用学校内部的情感教育资源

（一）建立情感教育的专业团队

情感教育的实施需要一支专业的团队来支撑和引导。这不仅仅是因为情感教育的复杂性和专业性，更是因为每个学生都有自己独特的情感世界和需求，需要一个专业的、有针对性的指导。

团队组成：学校内部组建的情感教育专业团队，应由心理老师、班主任、辅导员等多元角色组成。这样的组合可以确保团队具有足够的专业性和广泛的覆盖面，从而为学生提供更为全面和深入的情感教育。

专业培训与交流：团队成员应定期参与情感教育的培训和交流活动。这不仅可以提升他们的情感教育能力，还可以让他们及时了解最新的情感教育理论和方法，从而为学生提供更为科学和有效的指导。

个性化支持：团队成员应为学生提供个性化的情感支持和辅导。每个学生都有自己的情感特点和需求，只有个性化的支持和辅导，才能真正帮助他们解决情感问题，增强他们的情感素养。

通过建立这样一支专业团队，学校可以为学生提供一个更为系统和专业的情感教育环境，从而帮助他们更好地理解和处理自己的情感问题。

（二）开设情感教育课程

将情感教育纳入学校的课程体系，是实施情感教育的重要途径之一。通过开设专门的情感教育课程，可以为学生提供一个系统的、有针对性的学习平台。

课程内容设计：情感教育课程的内容应根据学生的年龄和认知特点来设计。这些课程可以包括自我认知、情绪管理、人际交往、应对压力等多个方面，旨在帮助学生全面了解自己和他人的情感世界，学会有效地管理自己的情绪和行为。

实践与体验：除了知识的传授，情感教育课程还应注重实践和体验。通过组织各种实践活动和角色扮演等方式，可以让学生在实际操作中学习和掌握情感知识，培养他们的实际操作能力和团队协作能力。

评估与反馈：为了确保情感教育课程的效果，学校还应建立完善的评估和反馈机制。这可以帮助学校及时了解课程的实施情况和学生的学习效果，从而为课程的优化和改进提供有力的依据。

（三）营造积极的校园氛围

校园环境对学生的情感发展有着深远的影响。一个积极、健康、和谐的校园环境，可以为学生的情感成长提供有力的支持。

尊重与理解：学校应积极营造尊重、理解的校园氛围。每个学生都有自己的独特性和价值，学校应尊重他们的个性和选择，理解他们的情感和需求，为他们提供一个安全、包容的学习环境。

文化活动与社会实践：学校可以通过举办各种文化活动、体育活动和社会实践活动等方式，促进学生的交流合作。这些活动不仅可以丰富学生的校园生活，还可以让他们在参与中体验到团队合作的乐趣和成就感，从而培养他们的团队精神和集体荣誉感。

心理健康宣传与教育：学校还应加强心理健康的宣传和教育工作，让学生了解心理健康的重要性，学会如何维护自己的心理健康。同时，学校还可以通过举办心理健康讲座、心理咨询等活动，为学生提供必要的心理支持和帮助。

（四）利用校内心理咨询室

校内心理咨询室是学校实施情感教育的重要资源之一。通过与心理咨询室的紧密合作，班主任可以更好地了解学生的情感状态和需求，为学生提供更为精准和有效的情感教育。

及时了解学生情况：班主任可以与心理咨询室的老师保持密切的联系和沟通，及时了解学生的情感状态和需求。这可以帮助班主任更好地把握学生的情感动态，及时发现和解决学生的情感问题。

提供心理支持和辅导：对于遇到情感问题的学生，班主任可以向心理咨询室的老师寻求帮助和支持。心理咨询室的老师可以为学生提供专业的心理咨询和辅导，帮助他们解决情感困扰，增强他们的心理素质和抗压能力。

学习与提升：班主任也可以向心理咨询室的老师请教和学习情感教育的相关知识和技能。通过不断的学习和实践，班主任可以提升自己的情感教育能力，更好地为学生的情感成长提供指导和帮助。

二、家庭资源：加强与家长的沟通合作，共同推进情感教育

（一）定期与家长沟通

作为班主任，定期与家长进行沟通是一项至关重要的工作。这种沟通不仅有助于了解学生在家庭中的情感状态和表现，还能为班主任提供更全面的学生信息，从而为学生制订更合适的情感教育计划。同时，通过与家长的交流，班主任也能将学校的教育理念和方法传递给家长，引导家长积极参与学生的情感教育，实现家校共育。

首先，定期与家长沟通有助于班主任更全面地了解学生的情况。学生在家庭中的表现和情感状态往往与他们在学校中的表现有所不同。通过与家长的交流，班主任可以了解到学生在家庭中的生活习惯、性格特点、兴趣爱好等方面的信息。这些信息可以帮助班主任更好地理解学生的行为和情感表达，从而为

学生提供更有针对性的情感教育。

其次，与家长沟通可以为班主任制订更合适的情感教育计划提供依据。每个学生都是独一无二的，他们的情感需求和发展阶段也有所不同。通过与家长的交流，班主任可以了解到学生的家庭背景、成长经历以及家长对孩子的期望和要求。这些信息可以帮助班主任更准确地评估学生的情感需求，为学生制订个性化的情感教育计划。

最后，与家长沟通还能促进家校之间的合作和信任。家长是孩子的第一任教师，他们对孩子的成长和发展有着深远的影响。通过与家长的交流，班主任可以向家长传递学校的教育理念和方法，引导家长积极参与学生的情感教育。同时，班主任也可以向家长展示自己对学生的关心和关注，增强家长对学校的信任和认可。这种家校之间的合作和信任可以为学生的成长创造一个更加和谐、有利的环境。

在与家长沟通的过程中，班主任需要注意几点：首先，要尊重家长的意见和看法，以平等、开放的态度与家长进行交流；其次，要善于倾听家长的诉说，理解家长的担忧和需求；最后，要及时向家长反馈学生在学校的表现和进步，让家长感受到学校对孩子的关心和关注。

（二）举办家长学校活动

为了加强家校之间的合作和交流，学校可以定期举办家长学校活动。这些活动可以为家长提供一个学习和交流的平台，帮助家长了解情感教育的重要性和方法。通过这些活动，学校可以邀请专家为家长讲解情感教育的知识和技巧，引导家长掌握与孩子进行情感沟通的方法和技巧。同时，家长之间也可以互相交流和学习彼此在家庭教育中的经验和教训，共同提升家庭教育的质量。

首先，举办家长学校活动有助于提高家长对情感教育的认识和重视程度。在活动中，专家可以向家长介绍情感教育的理念、目标和意义，让家长了解到情感教育对孩子全面发展的重要性。同时，专家还可以结合实例和案例，向家长展示情感教育在孩子成长过程中的积极作用和影响，从而激发家长参与孩子情感教育的积极性和主动性。

其次，举办家长学校活动可以帮助家长掌握与孩子进行情感沟通的方法和技巧。在活动中，专家可以向家长传授一些有效的情感沟通技巧，如倾听、理解、尊重、鼓励等，让家长学会如何与孩子建立亲密的情感联系，了解孩子的内心需求和感受。同时，专家还可以针对孩子在成长过程中遇到的一些常见情感问题，给出具体的解决方法和建议，帮助家长更好地应对和解决这些问题。

最后，举办家长学校活动还可以为家长提供一个互相交流和学习的平台。在活动中，家长可以分享自己在家庭教育中的经验和教训，探讨在家庭教育中遇到的问题和困惑，寻求彼此的帮助和支持。这种互动和交流不仅可以增进家长之间的友谊和合作，还可以让家长在互相学习和借鉴中不断提高自己的家庭教育水平。

为了确保家长学校活动的效果和质量，学校在举办活动时需要注意几点：首先，要选择合适的时间和地点，确保家长能够方便地参加活动；其次，要邀请有经验的专家和讲师，确保活动的专业性和权威性；最后，要鼓励家长积极参与和互动，为家长创造一个轻松、愉悦的学习氛围。

（三）鼓励家长参与学生的活动

学校可以通过鼓励家长积极参与学生的各种活动来加强家校之间的联系和合作。这些活动可以是运动会、文艺汇演、社会实践等，也可以是班级或小组内部的亲子活动。通过参与这些活动，家长可以更深入地了解孩子的需求和感受，与孩子建立更紧密的情感联系。同时，家长的参与也可以为孩子提供更多的支持和鼓励，增强他们的自信心和积极性，促进孩子的全面发展。

首先，鼓励家长参与学生的活动有助于增进亲子之间的感情和理解。在活动中，家长和孩子可以一起参与游戏、表演、比赛等环节，共同体验快乐和成功的感觉。这种亲密的互动可以让家长更加了解孩子的兴趣、特长和需求，也可以让孩子感受到家长的关爱和支持，从而增进亲子之间的感情和理解。

其次，家长的参与可以为孩子提供更多的支持和鼓励，增强他们的自信心和积极性。在活动中，家长可以为孩子加油打气，鼓励孩子勇敢尝试和表现自己。这种支持和鼓励可以让孩子感到自己被重视和认可，从而激发他们的自信心和积极性，让他们在活动中更加自信和活跃。

最后，鼓励家长参与学生的活动还可以促进家校之间的合作和交流。通过这些活动，学校可以向家长展示学校的教育理念和成果，让家长更加了解学校的工作和付出。同时，家长的参与也可以为学校提供宝贵的反馈和建议，帮助学校不断完善和改进工作，从而提高教育质量和服务水平。

三、社会资源：引入社会上的情感教育项目和活动

（一）合作开展情感教育项目

学校与社区、企业等合作开展情感教育项目是一种富有创新和实践性的教育方式。这种合作不仅可以为学生提供丰富的实践机会，让他们在实践中学习和成长，还可以为学校带来多元化的教育资源和社会支持，从而提升学校情感教育的质量和效果。

1.实践机会的重要性

情感教育不仅仅是理论知识的传授，更重要的是让学生在实践中体验和感悟。通过与社区、企业等合作开展项目，学生可以走出课堂，参与到真实的社会环境中去。这种实践机会可以让学生更加直观地了解社会现象和人际关系，培养他们的社会适应能力和情感管理能力。

2.丰富教育资源的引入

与社区、企业等合作可以为学校带来丰富的教育资源。这些资源包括专业的知识、技能、经验以及物质支持等。通过这些资源的引入，学校可以更加全面地开展情感教育，提供更加优质的教育服务。同时，这些资源也可以为学校的教育教学改革提供新的思路和方向。

3.社会支持的增强

与社区、企业等合作开展情感教育项目还可以为学校带来广泛的社会支持。这些支持包括社会认可、舆论支持以及政策扶持等。通过这些支持，学校可以更加顺利地推进情感教育工作，提高教育效果和质量。同时，这些支持也可以为学校树立良好的社会形象，提升学校的知名度和影响力。

（二）参加社会公益活动

组织学生参加各种社会公益活动是情感教育的重要途径之一。通过参加这

些活动，学生可以培养社会责任感和奉献精神，同时也可以锻炼自己的团队协作能力和沟通能力。这些经历对学生的情感发展具有积极的促进作用。

1.社会责任感和奉献精神的培养

参加社会公益活动可以让学生更加直观地了解社会的现状和问题，激发他们的社会责任感和奉献精神。通过参与公益活动，学生可以学会关心他人、关注社会、关注环境，从而培养积极向上的情感态度和价值观。这种情感态度和价值观对学生的个人成长和社会发展都具有重要的意义。

2.团队协作能力和沟通能力的锻炼

参加社会公益活动需要学生与他人进行良好的合作和沟通。在这个过程中，学生可以锻炼自己的团队协作能力和沟通能力，学会与他人协商、协作和解决问题。这些能力对于学生的未来发展具有重要的作用，可以帮助他们更好地适应社会和工作环境。

3.情感发展的促进

参加社会公益活动可以为学生带来丰富的情感体验和感受。这些体验和感受可以帮助学生拓展自己的情感世界，丰富自己的内心世界。同时，这些体验和感受也可以帮助学生更好地理解自己和他人的情感状态和需求，提高他们的情感管理能力和人际交往能力。

（三）利用社会文化场所进行情感教育

社会文化场所，如博物馆、图书馆、艺术馆等，是进行情感教育的重要场所。学校可以组织学生参观这些场所，让学生了解历史文化和社会现象，培养他们的审美能力和文化素养。同时，在这些场所中开展的情感教育活动也可以帮助学生拓宽视野、丰富内心世界。

1.历史文化和社会现象的了解

博物馆、图书馆、艺术馆等社会文化场所是保存和展示历史文化和社会现象的重要场所。通过参观这些场所，学生可以更加直观地了解历史的发展脉络和社会的变迁过程。这种了解可以帮助学生更好地理解自己所处的时代和社会环境，培养他们的历史意识和文化自觉。

2.审美能力和文化素养的培养

社会文化场所中展示了众多的艺术作品和文物古迹，这些作品和古迹具有极高的审美价值和文化内涵。通过参观这些场所并欣赏其中的艺术作品和文物古迹，学生可以培养自己的审美能力和文化素养。这种培养可以帮助学生更好地欣赏和理解艺术作品和文物古迹所蕴含的美感和文化内涵，提高他们的审美水平和文化修养。

3.视野的拓展和内心世界的丰富

在社会文化场所中开展的情感教育活动可以为学生带来全新的学习体验和感受。通过这些活动，学生可以拓展自己的视野，了解更多的文化现象和社会问题。同时，这些活动也可以帮助学生丰富自己的内心世界，激发他们的想象力和创造力。这种拓展和丰富可以为学生的情感发展提供更加广阔的空间和更加丰富的素材。

四、网络资源：利用互联网等现代技术手段丰富情感教育形式

（一）建立网络教育平台

随着互联网的普及和技术的不断发展，网络教育平台已经成为学生学习和获取信息的重要途径。在情感教育中，学校可以利用互联网建立网络教育平台，为学生提供丰富的情感教育资源和服务。

首先，网络教育平台可以提供情感教育的课程、讲座、咨询等服务。这些服务可以涵盖情感教育的各个方面，如情绪管理、人际交往、自我认知等。学生可以根据自己的需求和兴趣选择相应的课程和学习资源，随时随地学习和获取帮助。这种学习方式不仅方便灵活，而且可以充分发挥学生的主动性和自主性，提高学习效果。

其次，网络教育平台还可以为学生提供一个交流互动的空间。学生可以在这里分享自己的经验和感受，与同龄人交流彼此的情感状态和困惑。同时，这个平台也可以为学生提供专业心理咨询师的在线咨询和帮助，让他们在遇到情感问题时能够及时得到专业的指导和支持。

为了建立一个有效的网络教育平台,学校需要投入必要的技术和资源支持。首先,需要建立一个稳定、安全的网络平台,确保学生能够顺畅地访问和使用各项服务。其次,需要不断更新和完善情感教育资源和课程,以满足学生的不同需求和兴趣。最后,需要加强对学生的引导和监督,确保他们在使用网络教育平台时能够保持良好的学习习惯和网络安全意识。

（二）利用社交媒体进行情感教育宣传和交流

社交媒体是现代人日常生活中不可或缺的一部分,它已经渗透到人们的日常生活和工作中。在情感教育中,学校可以利用社交媒体进行宣传和交流工作,以扩大情感教育的影响力和覆盖面。

首先,学校可以通过社交媒体发布情感教育的知识、案例和活动信息等内容。这些内容可以是文字、图片、视频等多种形式,以吸引更多的人关注和参与情感教育工作。通过社交媒体发布这些内容,不仅可以方便快捷地传递信息,还可以让更多的人了解和认识情感教育的重要性和价值。

其次,学校可以通过社交媒体与学生和家长进行互动和交流,了解他们的需求和意见,及时反馈和改进工作。这种互动和交流可以是问答、讨论、投票等多种形式,让学生和家长能够参与到情感教育的过程中来,共同推动情感教育的发展。

在利用社交媒体进行情感教育宣传和交流时,学校需要注意几点:首先,确保发布的内容真实、准确、有价值,避免虚假宣传和误导;其次,保持与学生和家长的良好沟通和互动,及时回应他们的问题和建议;最后,注意维护学校的形象和声誉,避免因为不当言论或行为引起负面影响。

（三）开发网络情感教育游戏和应用程序

网络游戏和应用程序是年轻人喜爱的娱乐方式之一,也是他们日常生活中不可或缺的一部分。在情感教育中,学校可以开发一些网络情感教育游戏和应用程序,让学生在游戏中学习和体验情感知识。

这些游戏和应用程序可以设计成有趣互动的形式,以吸引学生的注意力,让他们在轻松愉快的氛围中学习和成长。例如,可以开发一些角色扮演类游戏,让学生在游戏中扮演不同的角色,体验不同的情感状态和需求;或者开发一些益智类游戏，让学生在游戏中学习和掌握情感管理的技巧和方法。

在开发网络情感教育游戏和应用程序时，学校需要注意几点：首先，确保游戏和应用程序的内容与情感教育的目标和要求相符合；其次，注重游戏和应用程序的趣味性和互动性，以吸引学生的注意力；最后，加强对游戏和应用程序的监管和管理，确保学生能够在安全、健康的环境中使用这些工具。

总之，利用互联网和社交媒体等现代科技手段进行情感教育是当代学校教育的重要趋势之一。通过建立网络教育平台、利用社交媒体进行宣传和交流以及开发网络情感教育游戏和应用程序等措施，学校可以为学生提供更加丰富多彩、灵活多样的情感教育方式和服务，帮助他们更好地管理自己的情感，促进身心健康发展。

第四章　情感教育与学生成长

第一节　情感教育对学生成长的影响

一、提升情感素质

（一）情感认知的深化

在初中阶段，学生的情感世界正处于一个快速发展和变化的时期。他们的情感认知、情感表达和情感管理都在不断地发展和成熟。情感教育在这个时期起到了至关重要的作用，它帮助学生深化对自我情感的认知，理解情感的来源和变化，并学会如何更好地管理自己的情感。

首先，情感教育通过一系列的课程和活动，引导学生开始关注自己的内心世界，认识自己的情感。在这个过程中，学生可以更加清晰地识别自己的情感，了解情感的种类、强度和持续时间。他们开始认识到，每个人的情感都是独特而复杂的，而且这些情感会随着时间和环境的变化而发生变化。

其次，情感教育不仅关注学生对自我情感的认知，还注重培养学生对他人情感的关注和理解。通过学习和实践，学生可以逐渐培养出同理心和共情能力，学会从他人的角度思考问题，理解他人的情感和需求。这种能力对于建立良好的人际关系至关重要，它有助于增进人际关系的和谐，减少因误解和沟通不畅而产生的人际冲突。

此外，情感教育还通过引导学生反思自己的情感经历，帮助他们深入理解情感的来源和变化。学生可以回顾自己过去的情感经历，分析这些经历对自己的影响，并从中汲取经验和教训。这种反思过程有助于学生更好地认识自己，了解自己的情感需求和价值观，从而为未来的情感发展奠定基础。

（二）情感表达的优化

情感表达是人与人之间交流的重要方式之一，它涉及如何将内心的情感以适当的方式传达给他人。在初中阶段，学生的情感表达能力正处于发展的关键时期。情感教育在这个时期起到了引导和促进作用，它帮助学生优化情感表达的方式，提高他们的沟通效果。

首先，情感教育鼓励学生以积极、健康的方式表达自己的情感。学生被教导在表达情感时要真诚、坦率，但同时也要考虑到他人的感受和需要。他们学习如何运用恰当的语言和肢体动作来传达自己的情感和需求，使自己的表达更加清晰、准确。

其次，情感教育还教授学生如何在适当的时机和场合进行情感表达。学生了解到不同的情感和情境需要不同的表达方式。例如，在面对冲突时，学生被教导如何以平和、理性的态度表达自己的观点和感受，而不是采取攻击性或消极的方式。这种教育有助于减少因沟通不畅而产生的人际冲突，促进人际关系的健康发展。

最后，情感教育还注重培养学生的倾听能力。倾听是有效沟通的重要组成部分，它涉及理解他人的情感和需求。通过学习和实践，学生可以逐渐学会倾听他人的心声，理解他人的情感和需求，从而更好地与他人进行沟通和交流。

（三）情感管理的提升

情感管理是指个体对自己的情感进行调控和管理的能力。在初中阶段，学生的情感管理能力正处于发展的关键时期。情感教育在这个时期起到了重要的引导和促进作用，帮助学生提升情感管理的技巧和能力。

首先，情感教育教授学生有效的情感管理技巧。学生被教导如何识别自己的情绪变化，并采取相应的措施来调控自己的情绪状态。例如，在面对挫折或压力时，学生被鼓励运用深呼吸、冥想等技巧来平复自己的情绪，保持冷静和理智。这些技巧的运用有助于学生更好地应对生活中的挑战和压力，保持心理健康和良好的情绪状态。

其次，情感教育还注重培养学生的自我意识和自我控制能力。学生被引导反思自己的情绪反应和行为模式，了解自己的情感触发点和应对方式。通过增强自我意识和自我控制能力,学生可以更加主动地管理自己的情绪,避免情绪失控或过度反应的情况发生。

再次,情感教育还鼓励学生培养积极的心态和乐观的态度。学生被教导如何以积极的心态看待生活中的挑战和困难,将困难视为成长的机会而不是障碍。这种积极心态的培养有助于学生更好地应对生活中的起伏和变化,保持积极向上的精神状态。

最后,情感教育还注重培养学生的情绪调节能力和应对压力的策略。学生被教导如何采取有效的应对策略来应对压力和负面情绪,如寻求支持、进行放松训练、培养兴趣爱好等。这些策略的运用有助于学生缓解压力和负面情绪,保持心理健康和良好的生活质量。

二、促进心理健康

（一）心理压力的缓解

在初中阶段,学生面临着日益增加的学业压力、人际关系困扰以及身体与心理变化带来的挑战。这些压力若不及时得到缓解,可能会对学生的身心健康产生不良影响。情感教育在这个过程中扮演了至关重要的角色。

提供心理支持:作为班主任,首要任务是为学生提供一个安全、支持性的环境。在这里,学生可以自由地表达自己的感受和困惑,而不用担心被评判或嘲笑。班主任可以通过倾听、理解和接纳学生的情感,为他们提供情感上的支持。

教授心理调适方法:除了提供情感支持,班主任还可以教授学生一些简单的心理调适方法。例如,深呼吸和冥想是两种被广泛认可且易于实施的方法。深呼吸可以帮助学生放松紧张的身体和情绪,而冥想则有助于培养学生的内省能力和情绪稳定性。

开展放松训练:学校可以定期为学生开展放松训练,如渐进性肌肉松弛训练、瑜伽等。这些活动不仅可以帮助学生缓解身体的紧张感,还能促进他们的心理健康。

鼓励情感表达:鼓励学生通过写日记、绘画、音乐等方式表达自己的情感,这也是缓解心理压力的有效途径。这种方式可以帮助学生将内心的压抑和困惑释放出来，减轻心理压力。

（二）心理问题的预防

预防总是优于治疗。通过情感教育，学生可以了解常见的心理问题及其成因，并学习如何预防和应对这些问题。

心理健康教育课程：学校可以开设心理健康教育课程，向学生传授心理健康知识。在这些课程中，学生可以学习到如何识别心理问题的迹象，以及如何采取积极的措施来预防这些问题的发生。

增强心理韧性：心理韧性是指个体在面对逆境和压力时能够迅速恢复并继续前行的能力。通过培养学生的心理韧性，可以帮助他们更好地应对生活中的挑战和压力，从而预防心理问题的发生。

建立良好的人际关系：人际关系的好坏直接影响到学生的心理健康。班主任可以通过组织团队活动、培养沟通技巧等方式，帮助学生建立良好的人际关系，减少因人际关系问题而引发的心理问题。

早期识别和干预：班主任和家长需要密切关注学生的情感变化和行为表现，一旦发现可能存在的心理问题迹象，应及时进行干预和提供必要的帮助。

（三）积极心态的培养

积极心态是学生应对挑战、实现个人成长的关键因素。通过情感教育，可以培养学生的积极心态和乐观精神。

关注积极因素：引导学生关注生活中的积极因素，如美好的事物、成功的经历、他人的善举等。这种关注可以帮助学生培养感恩之心，从而更加珍惜现有的生活和资源。

培养乐观态度：乐观态度是指对未来充满希望和信心的态度。班主任可以通过鼓励学生设定目标、培养他们的解决问题的能力等方式，帮助学生培养乐观态度。这种态度可以激发学生的内在动力，使他们更加积极地面对生活中的挑战和困难。

挑战与成长：鼓励学生将挑战视为成长的机会，而不是障碍或威胁。通过这种方式，学生可以学会从困难中汲取经验和教训，不断提升自己的能力和智慧。

培养自信心：自信心是积极心态的重要组成部分。班主任可以通过肯定学生的努力和成就、提供适当的挑战等方式，帮助学生培养自信心。自信的学生更有可能以积极的态度面对生活中的各种挑战和压力。

（四）心理自助能力的提升

心理自助能力是指个体在面对心理困扰时能够主动寻求帮助或进行自我调适的能力。通过情感教育，可以提升学生的心理自助能力。

教授自助方法：学校可以教授学生一些有效的心理自助方法，如自我反思、情绪调节技巧等。这些方法可以帮助学生更好地管理自己的情绪和行为，提升他们的心理健康水平。

培养解决问题的能力：鼓励学生面对问题时主动寻找解决方案，而不是逃避或依赖他人。通过这种方式，学生可以逐渐培养出独立解决问题的能力和习惯。

提供心理资源：学校可以提供一些心理资源，如心理健康手册、在线心理咨询平台等。这些资源可以为学生提供及时的帮助和支持，帮助他们更好地应对心理困扰和挑战。

培养求助意识：教育学生认识到寻求帮助是一种正常的且积极的行为。鼓励他们在遇到心理困扰时及时向班主任、家长或专业人士求助，以获得及时有效的支持和治疗。

三、增强社会适应能力

（一）社交技能的培养

社交技能是现代社会中不可或缺的一项能力，它关系到个体在社会中的生存和发展。情感教育作为一种关注人的内心世界和情感体验的教育方式，对于培养学生的社交技能具有重要的作用。

首先，情感教育注重培养学生的基本礼仪。礼仪是社会交往中必不可少的一部分，它体现了个体对他人的尊重和关心。通过情感教育，学生可以学习到各种场合下的基本礼仪规范，如见面礼、餐桌礼仪、公共场合的行为规范等。这些礼仪规范的掌握不仅有助于学生在学校和社会中树立良好的形象，还能够提高他们的自信心和自尊心。

其次，情感教育强调沟通技巧的培养。沟通是人际交往中的核心环节，良好的沟通技巧能够帮助学生更好地表达自己、理解他人，并建立起良好的人际关系。情感教育通过提供模拟对话、角色扮演等实践活动，帮助学生掌握倾听、表达、反馈等沟通技巧。同时，情感教育还注重培养学生的非语言沟通能力，如面部表情、肢体语言等，使他们的沟通更加自然、流畅。

最后，情感教育还鼓励学生积极参与社交活动。通过参加各种社交活动，如聚会、社团活动、志愿者服务等，学生可以接触到更多的人和事，拓展自己的社交圈子。这种积极的社交参与不仅可以帮助学生锻炼自己的社交技能，还能够培养他们的兴趣爱好和特长，丰富他们的课余生活。

（二）团队协作能力的提升

团队协作能力是现代社会中不可或缺的一项能力，它对于个体在团队中的表现和发展具有重要的作用。情感教育通过鼓励学生参与团队活动和合作项目，培养他们的团队协作能力。

首先，情感教育强调团队目标的设定和实现。在团队活动中，学生需要共同商定目标、制订计划并分工合作。通过这个过程，学生可以学会如何与他人协商、达成共识，并在共同的目标下积极行动。这种目标的实现不仅可以让学生体验到团队合作的力量和成果，还能够培养他们的责任感和奉献精神。

其次，情感教育注重团队成员之间的沟通和协作。在团队中，每个学生都有自己的优势和特长，通过有效的沟通和协作，可以实现优势互补、共同进步。情感教育鼓励学生积极表达自己的观点和想法，并尊重他人的意见和贡献。同时，情感教育还强调团队成员之间的互助和支持，让学生在团队中感受到温暖和归属感。

最后，情感教育还通过团队评估和反思来提高学生的团队协作能力。在团队项目完成后，学生需要对团队的表现和成果进行评估和反思。通过这个过程，学生可以认识到自己在团队中的优点和不足，并找到改进的方向和方法。这种评估和反思可以帮助学生不断完善自己的团队协作能力，并为未来的团队合作提供经验和借鉴。

（三）适应能力的培养

适应能力是指个体在面对变化和挑战时所具备的调整和应对能力。在现代社会中，变化和挑战无处不在，因此培养学生的适应能力至关重要。情感教育通过提供丰富的学习体验和实践机会来培养学生的适应能力。

首先，情感教育鼓励学生面对挑战和困难时保持积极的心态。在面对挑战时，学生可能会遇到各种困难和挫折，但情感教育强调坚持和努力的重要性。通过引导学生积极面对困难、寻找解决问题的方法并坚持不懈地努力下去，可以帮助学生培养坚韧不拔的品质和积极应对挑战的能力。

其次，情感教育注重培养学生的自我调节能力。在面对变化和挑战时，学生需要学会自我调节和管理自己的情绪和行为。情感教育通过提供情绪管理技巧和自我调节方法的学习和实践机会来帮助学生掌握这种能力。同时，情感教育还鼓励学生积极参与体育活动、音乐艺术等课外活动来培养他们的情绪表达能力和自我调节能力。

最后，情感教育还强调学生的跨文化适应能力。在全球化的背景下，学生需要具备跨文化交流和合作的能力。情感教育通过提供多元文化的学习体验和实践机会来帮助学生了解不同文化背景下的思维方式和行为习惯，并培养他们的跨文化适应能力和尊重多元文化的态度。这种跨文化适应能力的培养，有助于学生在未来的国际交流和合作中更好地融入不同的文化环境，并实现个人和团队的共同发展。

（四）社会责任感的增强

社会责任感是指个体对社会和他人所承担的责任和义务的认知和行动。培养学生的社会责任感是情感教育的重要目标之一。通过引导学生关注社会问题、参与社会公益活动等方式，可以逐渐增强学生的社会责任感。

首先，情感教育注重培养学生的公民意识和社会责任感。学生作为社会的一分子，需要承担起相应的社会责任和义务。通过情感教育，可以引导学生关注社会问题，了解社会现状和发展趋势，培养他们的社会责任感和使命感。同时，情感教育还鼓励学生积极参与社会公益活动，如环保、扶贫、助学等，让他们在实践中体验到社会责任的重要性，并学会积极履行自己的社会责任。

其次，情感教育强调学生的道德品质和行为规范的培养。道德品质和行为规范是社会责任感的具体体现，通过培养学生的道德品质和行为规范，可以让他们更好地履行自己的社会责任和义务。情感教育注重引导学生树立正确的价值观和道德观念，培养他们的诚信、友善、公正等品质，并通过实践活动让学生将这些品质内化为自己的行为准则。

最后，情感教育还注重培养学生的批判性思维和独立思考能力。面对复杂的社会问题和挑战，学生需要具备批判性思维和独立思考能力才能作出明智的决策和行动。通过情感教育，可以引导学生关注社会问题，培养他们对问题的分析和解决能力；同时鼓励他们勇于表达自己的观点和看法，培养他们的独立思考能力和创新精神。这种批判性思维和独立思考能力的培养有助于学生在未来的社会生活中更好地应对挑战和问题，为社会的进步和发展作出贡献。

第二节　情感教育与学生自我意识的培养

一、自我认知

（一）建立信任关系

作为初中班主任，与学生建立信任关系是一项至关重要的任务。这种信任关系的建立不仅有助于更好地了解学生的情感和需求，还能为学生提供一个安全、支持性的环境，促进他们的全面发展。

首先，班主任需要倾听学生的声音。每个学生都是独特的个体，他们有自己的想法、感受和需求。班主任应该给予学生充分的时间和空间，让他们自由地表达自己的内心世界。通过倾听，班主任可以更好地理解学生的情感和需求，为他们提供有针对性的支持和帮助。

其次，班主任需要尊重学生的个性和差异。每个学生都有不同的性格、兴趣和背景，这些差异使得每个学生都有自己独特的需求和挑战。班主任应该尊重并理解这些差异，避免对学生的情感和问题进行简单化的处理。通过尊重和理解，班主任可以与学生建立起更加真诚和深入的联系，增强彼此之间的信任感。

最后，班主任还需要通过积极的沟通和互动来与学生建立信任关系。班主任可以定期组织班会、座谈会等活动，与学生进行面对面的交流。在这些活动中，班主任可以分享自己的经验和见解，引导学生积极参与讨论和分享。通过这种互动和交流，班主任可以与学生建立起更加紧密的联系，增强彼此之间的了解和信任。

（二）开展心理测评

心理测评是了解学生情感状态和需求的有效途径。作为初中班主任，通过开展心理测评，可以更加科学地了解学生的心理特点和需求，为他们提供更加精准的指导和帮助。

首先，学校可以定期为学生进行心理测评。这些测评可以采用标准化的心理量表或问卷，对学生的情感、认知和行为等方面进行全面评估。通过测评结果，班主任可以了解学生的心理健康状况、情感需求和学习动力等情况，为每个学生制订个性化的教育计划提供支持。

其次，班主任可以根据心理测评结果为学生提供个性化的指导和帮助。针对学生的不同需求和问题，班主任可以采取不同的措施和方法。例如，对于情感困扰较大的学生，班主任可以提供心理咨询或推荐专业的心理辅导师；对于学习动力不足的学生，班主任可以通过激发学生的学习兴趣和动机来帮助他们提高学习效果。

最后，班主任还可以通过心理测评结果来关注学生的情感变化和发展趋势。通过对学生情感状态的持续关注和跟踪，班主任可以及时发现学生的情感问题和挑战，为他们提供及时的干预和支持。这种关注和支持不仅有助于促进学生的心理健康发展，还能提高学生的学习效果和生活质量。

（三）鼓励自我反思

自我反思是自我认知的重要环节，也是学生情感成长的关键过程。作为初中班主任，鼓励学生进行自我反思是一项非常重要的任务。

首先，班主任可以引导学生写日记或周记来记录自己的情感变化和成长过程。通过写作的方式，学生可以更加深入地探索自己的内心世界，发现自己的情感需求和特点。同时，写作也有助于学生提高自己的表达能力和思维水平。

其次，班主任可以在课堂上引导学生进行口头反思。通过分享自己的经历、感受和想法，学生可以相互学习和借鉴彼此的经验和智慧。这种反思方式不仅有助于学生更好地认识自我和他人，还能培养他们的沟通能力和团队协作精神。

在鼓励学生进行自我反思的过程中，班主任需要注意几点：一是要给予学生足够的自由和空间来表达自己的想法和感受；二是要尊重学生的隐私和保密原则；三是要引导学生以积极、建设性的态度进行反思和改进；四是要及时给予学生反馈和鼓励以激发他们的积极性和自信心。

（四）提供情感教育课程

为了更好地满足学生的情感需求并促进他们的全面发展，学校应该开设专门的情感教育课程来帮助学生了解情感的基本知识和技巧，提高他们的情感素养和自我认知能力。作为初中班主任，在情感教育课程中发挥着重要的角色。

首先，班主任需要参与情感教育课程的规划和设计。他们可以与学校其他教师和教育专家一起合作，制定符合学生实际需求的课程内容和教学方法。通过设计有趣、互动和实践性强的课程内容，班主任可以激发学生对情感教育的兴趣和积极性，提高他们的学习效果。

其次，在情感教育课程中，班主任需要担任主导角色，引导学生学习和掌握情感的基本知识和技巧。他们可以通过讲解、示范、角色扮演等方式，帮助学生了解情感的表达、识别和管理方法，提高学生的情感素养和自我认知能力。同时，班主任还可以通过案例分析、小组讨论等方式，引导学生深入探讨情感问题，培养他们的批判性思维和解决问题的能力。

最后，在情感教育课程中，班主任还需要关注学生的个体差异和需求，采用个性化的教学策略和方法来满足不同学生的需求。他们可以通过观察、评估和反馈等方式，了解学生的学习进度和效果，及时调整教学方法和策略，以确保每个学生都能够获得有效的情感教育和支持。同时，班主任还可以通过与家长的沟通和合作，共同关注学生的情感发展，促进学生的全面成长和发展。

二、自我评价

（一）设定合理的目标

在学生的成长过程中,设定合理的目标对于塑造积极的自我形象至关重要。班主任在这个过程中扮演着重要的角色,他们可以通过与学生沟通,了解学生的兴趣、能力和需求,进而协助他们设定符合自身发展规律的短期和长期目标。

首先,设定合理的短期目标可以让学生快速体验到成就感。这些短期目标应该是具体、明确且可衡量的,让学生在短时间内能够看到自己的努力成果。例如,班主任可以帮助学生设定一周内完成某项作业、提高某次测验的分数等短期目标。当学生实现这些目标时,他们会感受到自己的进步和成就,从而增强自信心和积极性。

其次,设定长期目标有助于学生明确自己的方向和努力的重点。长期目标应该是具有挑战性且符合学生个人发展规划的,能够激发学生的内在动力。例如,班主任可以引导学生思考自己未来的职业方向、学术追求等,并据此设定相应的长期目标。这些目标将成为学生努力的方向目标,促使他们在日常学习和生活中不断积累经验和技能,为实现目标奠定基础。

在设定目标的过程中,班主任需要注意几点:一是要确保目标与学生的能力和兴趣相匹配,避免设定过高或过低的目标;二是要与学生充分沟通,了解他们的想法和需求,确保目标的合理性和可行性;三是要定期检查目标的完成情况,及时调整目标或提供必要的支持和帮助。

（二）鼓励正面评价

在学生的成长过程中,鼓励正面评价对于塑造积极的自我形象具有重要意义。正面评价不仅可以让学生更加关注自己的优点和进步,还能帮助他们建立自信心和自尊心,形成积极的自我认知。班主任和家长在这个过程中发挥着关键作用。

首先,班主任和家长应该积极关注学生的优点和进步。每个学生都有自己独特的闪光点和成长轨迹,只要我们用心去发现并肯定他们的努力和成绩,就能激发他们的积极性和自信心。比如,当一个学生在某次作业中取得了进步或者在某项活动中表现出色时，班主任和家长应该及时给予表扬和鼓励。这种正面评价可以让学生感受到自己的价值和能力得到了认可，从而更加自信地面对未来的挑战。

其次，班主任和家长在鼓励正面评价时还需要注意几点：一是要保持客观公正的态度，避免过度夸大或贬低学生的表现；二是要关注过程而非结果，即关注学生在学习和成长过程中付出的努力和取得的进步，而非仅仅是最终的成绩或排名；三是要及时给予反馈和指导，帮助学生了解自己的不足和挑战，并鼓励他们以积极的态度面对困难和挫折。

同时，班主任和家长还可以通过引导学生参与自我评价和互评的方式来促进正面评价。让学生参与评价过程可以让他们更加深入地了解自己的优点和不足，并从他人的评价中获得新的启示和动力。在互评过程中，学生可以学会欣赏他人的优点和进步，从而培养宽容、谦逊的品质，促进同学之间的友好关系。

（三）提供反馈和支持

在学生的成长过程中，提供及时的反馈和支持对于塑造积极的自我形象至关重要。班主任和家长作为学生成长道路上的重要引导者，他们的反馈和支持不仅有助于学生认识自己的优点和不足，更能激发学生的学习动力和自我提升的欲望。

首先，班主任和家长在学生取得进步时应该及时给予肯定和表扬。这种正面反馈可以让学生感受到自己的努力和成绩得到了认可，从而增强自信心和学习动力。同时，表扬和肯定也能让学生更加明确自己的努力方向和价值追求，有助于他们形成积极的自我形象和自我价值观。

其次，在学生遇到困难时，班主任和家长需要提供必要的帮助和指导。这种支持可以让学生感受到自己不是孤单的，有人在关心和支持着他们。同时，通过帮助和指导，学生可以更好地应对挑战和困难，积累解决问题的经验和技能，从而提升自我能力和价值感。

在提供反馈和支持的过程中，班主任和家长需要注意几点：一是要保持真诚和耐心的态度，让学生感受到自己的问题得到了真正的关注和解决；二是要针对学生的具体情况提供个性化的反馈和支持，避免一刀切或过于笼统的建议；

三是要鼓励学生主动寻求帮助和支持，培养他们的自主学习和自我解决问题的能力。

此外，班主任和家长还可以通过定期的沟通和交流来了解学生的学习和生活情况，及时发现问题并提供相应的反馈和支持。同时，他们也可以借助一些现代化的教育工具，如在线教育平台、社交媒体等，来提供更加便捷和高效的反馈和支持服务。

三、自我激励

（一）培养兴趣爱好

了解学生的兴趣点：每个学生都有自己独特的兴趣和天赋。作为班主任，首先要做的就是与学生建立深厚的信任关系，让他们愿意分享自己的兴趣和梦想。通过日常的观察和交流，班主任可以逐渐发现学生的潜能和兴趣所在。

提供多样化的课外活动：为了满足学生多样化的兴趣需求，学校可以开展丰富多样的课外活动，如音乐、体育、艺术、科技等社团。这些活动不仅可以让学生在课余时间得到充实，还能帮助他们发现自己的潜在兴趣。

鼓励尝试和探索：鼓励学生尝试不同的活动和课程，即使他们起初可能并不感兴趣。有时候，学生可能会因为一次偶然的尝试而发现一个全新的世界。班主任可以通过分享成功人士的案例，让学生了解到培养兴趣的重要性，并鼓励他们勇于探索。

提供资源和支持：当学生找到自己的兴趣所在时，班主任和学校应提供必要的资源和支持，帮助他们深入发展自己的兴趣爱好。这可以包括提供相关的书籍、工具、导师等，以及给予学生参加相关比赛和活动的机会。

整合家校力量：家庭是学生学习和成长的重要场所。班主任可以与家长密切合作，共同培养学生的兴趣爱好。例如，可以邀请家长分享自己的专业知识和经验，或者组织家校互动的活动，让学生在家庭和学校两个环境中都能得到支持和鼓励。

培养兴趣爱好对学生的全面发展具有重要影响。一个健康的兴趣爱好不仅能让学生体验到快乐和成就感，还能激发他们的内在动力，让他们更加主动地学习和探索。同时，兴趣爱好也能帮助学生建立自信，培养他们的创造力和团队协作能力。因此，作为班主任，要时刻关注学生的兴趣发展，为他们提供必要的支持和帮助。

（二）设定挑战性任务

评估学生的能力：在设定挑战性任务之前，班主任需要对学生的能力进行全面评估。这包括了解学生的学习水平、技能掌握情况、解决问题的能力等。通过评估，班主任可以确保所设定的任务既具有挑战性，又不会超出学生的能力范围。

明确任务目标：挑战性任务应该有明确的目标和要求。班主任在设定任务时，要确保学生能够清楚地理解任务的目的、要求和评价标准。同时，任务的目标应该与学生的学习目标和个人发展目标相契合。

提供必要的指导和支持：虽然挑战性任务要求学生独立解决问题，但班主任在过程中应提供必要的指导和支持。这可以包括给予学生提示、引导他们寻找资源、帮助他们分析问题等。通过指导和支持，班主任可以确保学生在面对挑战时不会感到无助或沮丧。

鼓励学生面对挑战：挑战性任务可能会让学生感到压力和不安。班主任需要鼓励学生积极面对挑战，培养他们的抗压能力和解决问题的能力。同时，也要教育学生认识到挑战是成长的机会，鼓励他们勇于尝试和不断挑战自己。

及时给予反馈和评价：在学生完成挑战性任务后，班主任应及时给予反馈和评价。这可以帮助学生了解自己的表现和进步情况，同时也能为他们提供改进的方向和建议。通过反馈和评价，班主任可以确保挑战性任务对学生的发展产生积极影响。

设定挑战性任务可以激发学生的求知欲和探索精神，提升他们的学习动力和成就感。同时，挑战性任务也能帮助学生培养解决问题的能力、批判性思维和创新能力等重要素养。因此，作为班主任，要善于利用挑战性任务来促进学生的全面发展。

（三）给予正面激励

具体明确的表扬：给予学生表扬时，要确保表扬是具体和明确的。避免使用空洞的赞美词汇，而是要指出学生在哪些方面做得好、取得了哪些进步。这样的表扬可以让学生清楚地知道自己的优点和努力得到了认可。

及时的反馈：在学生取得成就或进步时，班主任应及时给予反馈。及时的反馈可以让学生感到自己的努力得到了即时的认可和鼓励，从而激发他们继续努力的动力。

奖励与鼓励并行：除了口头表扬外，班主任还可以通过奖励来激励学生。奖励可以是物质的，如小礼品、证书等；也可以是非物质的，如额外的休息时间、参与特殊活动的机会等。同时，要注意奖励的公正性和适度性，确保每个学生都有机会获得奖励，并且奖励能够真正起到激励作用。

引导学生自我激励：除了来自外部的激励外，更重要的是引导学生学会自我激励。班主任可以通过教授学生自我肯定和自我激励的技巧，帮助他们建立积极的自我形象和自我价值观。同时，也可以通过设置合理的目标和期望，让学生感受到自己的进步和成就，从而激发他们的内在动力。

关注过程而非结果：在给予正面激励时，要关注学生的努力过程和进步情况，而不仅仅是结果。即使学生在某些方面没有达到预期的目标，也要肯定他们的努力和尝试，鼓励他们继续前行。这样的激励方式可以让学生更加关注自己的成长过程，而不是仅仅追求成绩或结果。

给予正面激励是教育过程中的重要环节之一，它不仅能够提高学生的自信和自尊心，还能够激发他们的学习动力和创造力。作为班主任，要善于发现学生的优点和进步，及时给予正面激励，为学生创造一个积极、健康的学习环境，促进他们全面发展和成长。

四、自我调控

（一）教授情绪管理技巧

随着社会的进步和教育的发展，学生的心理健康教育逐渐受到了越来越多的关注。其中，情绪管理作为学生心理健康的重要组成部分，对于培养学生的健康心态和积极情绪具有不可忽视的作用。学校作为学生学习和生活的主要场所，在情绪管理方面扮演着重要的角色。因此，学校应该积极采取措施，教授学生有效的情绪管理技巧，帮助他们更好地应对各种情绪问题。

1.开设情绪管理课程或讲座

学校可以专门开设情绪管理课程或定期举办相关讲座，向学生传授一些基本的情绪管理技巧和方法。这些课程或讲座可以由经验丰富的心理咨询师或教师主讲，通过讲解、案例分析、角色扮演等多种形式，让学生了解情绪的本质、情绪的表达方式以及情绪对身心健康的影响等方面的知识。同时，还可以教授学生一些实用的情绪管理技巧，如深呼吸、冥想、放松训练等，帮助他们在情绪激动时保持冷静和理智。

2.结合学科教学进行渗透式教育

除了专门开设情绪管理课程或讲座外，学校还可以在日常的学科教学中进行渗透式教育。各科任教师可以在授课过程中融入情绪管理的相关内容，结合具体的学科知识和情境，引导学生认识和理解情绪的重要性，并教授他们一些有效的情绪调节方法。例如，在语文课上可以通过阅读文学作品来引导学生体会人物的情绪变化和情感表达；在体育课上可以通过运动来帮助学生释放负面情绪和压力。这种渗透式教育可以让学生在轻松愉快的氛围中学习和掌握情绪管理技巧。

3.营造良好的校园环境氛围

学校还可以通过营造良好的校园环境氛围来促进学生的情绪健康。一个温馨、和谐、积极向上的校园环境可以让学生感受到关爱和支持，有助于培养他们的积极情绪和乐观心态。因此，学校应注重校园文化的建设，鼓励学生参与各种社团活动和社会实践，培养他们的团队合作精神和社交能力；同时，加强师生之间的沟通和交流，建立和谐的师生关系，让学生在遇到困难时能够及时得到帮助和支持。

（二）提供心理辅导服务

除了教授情绪管理技巧外，学校还应该提供心理辅导服务，为有需要的学生提供专业的心理咨询和帮助。心理辅导师可以帮助学生识别和处理自己的情绪问题，提供有效的解决方案和建议。同时，学校也可以定期开展心理健康教育活动，提高学生对心理健康的认识和重视程度。通过这些措施，学生可以更好地掌握自我调控的技巧和方法，保持情绪稳定和健康的心态。

1.设立心理咨询室或辅导中心

学校可以设立专门的心理咨询室或辅导中心，为有需要的学生提供一对一的心理咨询服务。这些咨询室或辅导中心可以由经验丰富的心理咨询师或心理医生负责运营和管理，为学生提供专业的心理咨询和帮助。学生可以在这里倾诉自己的烦恼和困惑，寻求专业的建议和指导。同时，心理咨询师还可以根据学生的具体情况制定个性化的心理辅导方案，帮助他们解决情绪问题并提升心理健康水平。

2.开展团体心理辅导活动

除了个别咨询外，学校还可以开展团体心理辅导活动，为更多的学生提供帮助和支持。这些团体辅导活动可以针对不同的主题和需求进行设计和安排，如压力管理、自信心培养、人际关系处理等。通过团体讨论、角色扮演、游戏互动等形式，学生可以共同探讨和分享彼此的经验和感受，学习有效的应对策略和方法。这种团体辅导活动不仅可以提高学生的心理素质和抗挫能力，还有助于培养他们的团队合作精神和集体意识。

3.加强与家长的沟通和合作

学生的心理健康问题往往与家庭环境和家庭教育密切相关。因此，学校在提供心理辅导服务时应该加强与家长的沟通和合作。学校可以定期举办家长会或家长讲座等活动，向家长传授一些基本的心理健康教育知识和技巧；同时，也可以邀请家长参与学校的心理辅导活动或提供相关的支持和协助。通过加强与家长的沟通和合作，可以更好地了解学生的实际情况和需求，为学生提供更加全面和有效的心理支持和帮助。

第三节　情感教育与学生人际关系的发展

一、亲子关系

（一）搭建亲子沟通桥梁

作为初中班主任，搭建学生与家长之间的亲子沟通桥梁是一项至关重要的任务。这个阶段的青少年正处于身心发展的关键时期，他们的情感需求复杂且多变，而家长则是他们最亲密的依靠和引导者。因此，班主任有责任和义务帮助学生和家长之间建立良好的情感沟通机制，以促进学生的全面发展和家庭的和谐幸福。

首先，班主任可以通过开展家长会等活动来增进学生与家长之间的相互了解。家长会是一个集结家长、学生和教师的平台，通过这个平台，班主任可以向家长介绍学生在校的表现和进步，同时也可以让家长分享孩子在家庭中的情况和需求。这样的交流有助于打破家校之间的隔阂，让家长更加了解孩子在学校的生活和学习状况，从而增进亲子之间的理解和信任。

其次，班主任还可以通过家访等活动深入了解学生的家庭环境和成长背景。家访是一种非常有效的家校沟通方式，它可以让班主任走进学生的家庭，与学生的父母进行面对面的交流。在这个过程中，班主任可以倾听家长的心声，了解他们对孩子的期望和需求，同时也可以向家长传递学校的教育理念和方法。这样的交流有助于家长更加明确自己在孩子成长过程中的角色和责任，从而促进亲子关系的和谐发展。

最后，班主任还可以通过建立家校互动平台等方式来加强与学生和家长之间的日常联系。例如，班主任可以创建班级微信群或 QQ 群等社交媒体群组，方便学生、家长和教师之间的即时沟通和信息交流。通过这些平台，班主任可以及时发布学校通知、作业要求等信息，同时也可以鼓励学生和家长分享彼此的生活和学习动态。这样的互动不仅有助于增进家校之间的了解和信任，还能让学生在家庭和学校两个环境中都感受到关爱和支持。

（二）倾听学生的心声

作为初中班主任，倾听学生的心声是了解学生情感需求、帮助他们排解情感困扰的重要途径。这个阶段的学生正处于青春期的关键时期，他们的内心世界丰富而复杂，充满了各种矛盾和挣扎。因此，班主任需要时刻关注学生的情感变化，耐心倾听他们的心声，并给予积极的回应和支持。

首先，班主任需要与学生建立起良好的信任关系，让他们愿意主动与自己分享内心的想法和感受。在日常交往中，班主任可以通过关心学生的生活、学习等方面来拉近与学生的距离，让他们感受到自己是一个可以信赖的人。同时，班主任也要尊重学生的个性和隐私，不强迫他们透露自己不愿意分享的信息。

其次，班主任需要保持耐心和关注，在与学生的交流中认真倾听他们的心声，理解他们的情感需求和困扰。当学生遇到情感问题时，班主任要给予及时的安慰和支持，帮助他们缓解负面情绪和压力。同时，班主任还要引导学生积极面对问题，鼓励他们寻找解决问题的方法和途径，培养他们的自我认知和自我调节能力。

最后，班主任还可以通过心理咨询、心理辅导等方式为学生提供专业的帮助和指导。对于一些情感问题比较严重的学生，班主任可以推荐他们寻求专业的心理咨询，让学生得到更加全面和深入的帮助和支持。同时，班主任也可以与学校心理老师合作，共同为学生提供心理健康教育和辅导，帮助他们建立健康的心理状态和良好的情感素质。

（三）指导家长进行情感教育

初中班主任不仅要关注学生的情感需求，还要承担起指导家长进行情感教育的责任。作为孩子成长过程中的重要引导者，家长的情感教育方式和能力直接影响着孩子的情感发展和心理健康。因此，班主任需要通过各种途径向家长传授情感教育的技巧和方法，提高他们的情感教育能力，促进亲子关系的和谐发展。

首先，班主任可以通过开展家长学校、讲座等活动向家长普及情感教育的理念和知识。在这些活动中，班主任可以向家长介绍情感教育的重要性、目标和方法，引导他们树立正确的情感教育观念。同时，班主任还可以结合实例和案例向家长展示如何在日常生活中进行情感教育，让他们更加直观地了解和掌握相关技巧和方法。

其次，班主任还可以通过个别交流、家访等方式与家长进行深入的沟通和指导。在与家长的交流中，班主任可以了解他们在情感教育方面的困惑和需求，针对具体问题给予专业的建议和指导。例如，当家长遇到与孩子沟通困难时，班主任可以引导他们学习有效的沟通技巧和方法；当家长面对孩子情绪波动时，班主任可以教给他们如何安抚和引导孩子的情绪等。通过这样的指导，班主任可以帮助家长更好地应对孩子在情感方面的挑战和问题，促进亲子关系的和谐发展。

最后，班主任还可以通过建立家长互助小组等方式鼓励家长之间相互学习、分享经验。在这样的小组中，家长们可以交流自己在情感教育方面的心得和体会，共同探讨解决问题的方法和途径。这样的互动不仅有助于增进家长之间的了解和信任，还能让他们在相互学习和支持中不断提升自己的情感教育能力，为孩子的全面发展提供更加有力的支持。

二、师生关系

（一）营造民主、平等的师生关系

在学生的成长过程中，班主任的角色至关重要。他们不仅是学生的知识传授者，更是学生心灵的引导者。为了塑造学生积极的自我形象，班主任首先需要营造民主、平等的师生关系。

民主、平等的师生关系意味着班主任需要尊重学生的个性和差异，摒弃传统的"命令与服从"的教育模式。在这种关系中，班主任与学生进行平等对话，共同协商，让学生在参与决策的过程中感受到自己的价值和重要性。这种互动方式有助于培养学生的批判性思维，激发他们的创造力和自主性。

为了建立这种关系，班主任可以采取以下措施。首先，积极倾听学生的想法和意见，给予他们表达的空间和机会。当学生感受到自己的声音被重视时，他们会更加自信地参与到课堂和班级活动中。其次，班主任可以定期组织班会或其他形式的集体讨论，鼓励学生提出自己的建议和看法，共同制订班级规章制度和活动计划。这种参与式的管理方式可以让学生感受到自己在班级中的地位和作用。

在营造民主、平等的师生关系时，班主任还需要注意几点：一是要真诚地对待每一个学生，避免偏见和歧视，让每个学生都能感受到公平和尊重；二是要关注学生的需求和感受，及时调整自己的教育方式和策略，以适应学生的变化和发展；三是要勇于承认自己的错误和不足，与学生共同成长和进步。

（二）关注学生的情感需求

在学生的成长过程中，情感需求是一个不可忽视的方面。作为班主任，关注学生的情感需求对于建立良好的师生关系、促进学生的心理健康和全面发展具有重要意义。

首先，班主任需要时刻关注学生的情感变化。学生的情感世界是丰富而复杂的，他们可能会遇到各种情感困扰和挑战。班主任应该通过细心观察、与学生进行个别谈话等方式，及时了解他们的内心想法和感受。同时，班主任还要学会倾听和理解学生的情感表达，给予他们情感上的支持和鼓励。

其次，班主任需要提供必要的情感支持。当学生遇到情感困扰时，班主任应该给予他们及时的帮助和支持。这包括提供心理咨询、组织心理辅导活动、引导学生寻求专业帮助等。通过这些措施，班主任可以帮助学生排解情感困扰，满足他们的情感需求，从而促进他们的心理健康成长。

在关注学生的情感需求时，班主任需要注意几点：一是要尊重学生的个性和差异，理解并接纳他们的不同情感表达方式；二是要保持耐心和热情，给予学生充分的情感支持和关注；三是要保护学生的隐私和尊严，避免过度干预或伤害学生的自尊心。

此外，班主任还可以通过开展丰富多彩的活动来满足学生的情感需求。如组织团队合作游戏、举办文艺表演、开展社会实践等活动，可以让学生感受到归属感和成就感，同时也能培养他们的团队合作精神和社交能力。

（三）培养学生的自主意识和责任感

在学生的成长过程中，培养他们的自主意识和责任感是塑造积极自我形象的关键环节。作为班主任，需要采取一系列措施来引导和帮助学生发展这些品质。

首先，班主任可以通过开展各种活动来培养学生的自主意识。例如，可以组织学生进行自我管理实践，如制订个人学习计划、管理自己的时间和资源等。这种实践可以让学生意识到自己的能力和责任，从而培养他们的自主性和自我管理能力。同时，班主任还可以鼓励学生参与班级管理和决策，让他们在实践中学会承担责任和解决问题。

其次，班主任需要引导学生树立正确的人生观和价值观，培养他们的社会责任感和公民意识。这可以通过开展主题班会、德育课程、社会实践活动等方式实现。在这些活动中，学生可以了解到社会的运作方式和个人的社会责任，从而培养他们的社会责任感和公民意识。同时，班主任还可以通过榜样示范和引导，让学生认识到积极向上、勇于担当的品质是值得追求和发扬的。

在培养学生的自主意识和责任感时，班主任需要注意几点：一是要给予学生充分的信任和支持，让他们在实践中锻炼和成长；二是要注重引导和启发，避免过度干预和代替学生的思考和行动；三是要及时反馈和评价，让学生了解到自己的进步和不足，从而调整和改进自己的行为。

三、同伴关系

（一）开展团队合作活动

团队合作是现代社会中不可或缺的重要能力。为了培养学生的团队合作精神和友谊观念，班主任可以采取一些措施。

设计多样化的团队合作活动：根据学生的年龄和兴趣，设计各种具有趣味性和挑战性的团队合作活动。例如，户外拓展训练、团队拼图游戏、校园文化艺术节等。这些活动可以让学生在轻松愉快的氛围中学会相互协作、相互支持。

明确团队目标和角色分工：在活动开始之前，班主任需要明确团队的目标和任务，并引导学生进行合理的角色分工。每个学生都应该在团队中找到自己的位置，并承担起相应的责任。通过这样的方式，可以培养学生的团队意识和集体荣誉感。

鼓励团队内部沟通和协作：在活动中，班主任要鼓励学生积极参与团队讨论和决策，培养他们的沟通能力和团队协作精神。同时，也要引导学生学会倾听他人的意见和建议，尊重他人的观点和感受。

及时给予反馈和评价：在团队合作活动结束后，班主任应及时给予反馈和评价。肯定学生在活动中的表现和进步，指出需要改进的地方，并提供具体的建议和指导。通过及时的反馈和评价，可以帮助学生更好地认识自己和他人，增进他们之间的友谊和信任。

通过开展团队合作活动，不仅可以培养学生的团队合作精神和友谊观念，还可以提高他们的组织协调能力、沟通能力和解决问题的能力。这些能力对学生未来的学习和生活都具有重要意义。

（二）引导学生正确处理人际关系冲突

人际关系冲突是学生在成长过程中不可避免的问题。为了帮助学生更好地处理人际关系冲突，班主任可以采取一些措施。

了解冲突的原因和背景：在处理人际关系冲突时，班主任首先需要了解冲突的原因和背景。通过与当事人进行沟通，听取双方的意见和诉求，了解事情的来龙去脉。

教授沟通技巧和方法：引导学生学习有效的沟通技巧和方法，如倾听、表达、协商等。通过沟通技巧的培训和实践，可以让学生更加理性和成熟地处理人际关系问题。

鼓励学生主动解决问题：在处理人际关系冲突时，班主任要鼓励学生主动解决问题，而不是逃避或依赖他人。通过引导学生分析问题、寻找解决方案并付诸实践的方式培养他们的自主解决问题的能力和勇气。

提供心理支持和辅导：在处理人际关系冲突的过程中，学生可能会感到困惑、焦虑或不安。班主任需要提供心理支持和辅导，帮助学生缓解情绪压力，增强他们的心理韧性。

建立公正、平等的处理机制：在处理人际关系冲突时，班主任需要建立公正、平等的处理机制。确保每个学生都能得到公正的对待和合理的解决方案。同时，也要尊重学生的个性和差异，引导他们以开放、包容的心态面对不同观点和文化背景的人。

通过引导学生正确处理人际关系冲突，可以让学生更加理性和成熟地面对生活中的挑战和问题，提高他们的社会适应能力和人际交往能力。同时，也有助于培养学生的宽容、理解和尊重他人的品质，促进他们形成健康、积极的人际交往观念。

（三）培养学生的社交技能

社交技能是学生在人际交往中必不可少的能力。为了提高学生的社交技能，班主任可以采取一些措施。

开展社交技能培训课程：定期开设社交技能培训课程，教授学生基本的社交礼仪、沟通技巧和表达能力等。通过系统的培训和实践操作，可以让学生掌握必要的社交技能和方法。

组织模拟社交场景活动：设计各种模拟社交场景的活动，如模拟面试、模拟谈判、模拟演讲等。让学生在模拟的场景中练习社交技能，提高他们的应对能力和自信心。

鼓励学生参加社交实践：鼓励学生积极参加各种社交实践活动，如学生会、社团活动、志愿服务等。通过实际的社交实践，可以让学生更加熟练地运用所学的社交技能和方法。

提供个性化指导和支持：针对学生在社交方面存在的问题和不足，提供个性化的指导和支持。帮助学生分析自己的优势和不足，制订适合自己的改进计划，并提供必要的帮助和支持。

建立良好的师生关系：班主任要与学生建立良好的师生关系，成为他们的信任者和倾听者。通过与学生的交流和互动，了解他们的需求和困惑，为他们提供有针对性的建议和指导，帮助他们更好地掌握社交技能和方法。

通过培养学生的社交技能,可以提高他们的人际交往能力和社会适应能力，为他们未来的学习和生活打下坚实的基础。同时，也有助于培养学生的自信心和表达能力，促进他们全面发展和成长。

第五章 情感教育与师生关系建立

第一节 情感教育对师生关系的影响

一、情感共鸣

（一）倾听与理解

初中阶段的学生正处于身心发展的关键时期，他们的情感世界丰富而复杂。作为班主任，首先要做的就是倾听学生的声音，理解他们的情感和需求。通过倾听，班主任能够了解学生的个性、兴趣和困扰，从而为后续的情感教育提供有针对性的支持。同时，倾听也是对学生的一种尊重，能够让他们感受到被关注和被重视，从而增进师生间的相互理解和信任。

在这个阶段，学生正处于身心发育的转折点，他们的情感世界既敏感又多变。作为班主任，要做的不仅仅是传授知识，更重要的是与他们建立心灵的连接。倾听，是这一过程中的关键。

当我们真正倾听时，我们能够听到学生内心的声音，那些他们可能不愿与人分享的秘密、困惑和梦想。每个学生都是一个独特的个体，他们有自己的情感表达方式。通过倾听，我们可以更深入地了解他们，发现他们的兴趣所在，理解他们的困扰和挑战。

例如，某个学生可能在课堂上表现沉默，但通过倾听，我们可能会发现他对音乐有着深厚的热爱和天赋。或者，某个学生可能因为家庭问题而感到焦虑和压力，通过倾听，我们可以及时给予他必要的支持和帮助。

除了直接的言语交流，班主任还可以通过观察学生的行为、情绪和态度来了解他们的情感和需求。一个细心的班主任能够从学生的微妙变化中捕捉到他们的情感波动，从而更加精准地提供个性化的关怀和支持。

倾听不仅仅是用耳朵听，更是用心去听。它要求我们放下先入为主的观念和偏见，真正从学生的视角去看待问题。当学生感受到被倾听和被理解时，他们会更加信任班主任，愿意打开心扉，分享更多的内心世界。这种信任和理解是建立良好师生关系的重要基石。

在倾听的过程中，班主任也在向学生传递着一种重要的信息：你的情感是被重视的，你的问题是被关注的。这种积极的情感反馈能够增强学生的自尊心和自信心，促进他们更加积极地面对学习和生活中的挑战。

因此，作为初中班主任，应该时刻保持开放和接纳的心态，用心去倾听每一个学生的声音。通过倾听和理解，我们能够与学生建立起深厚的情感共鸣，为他们提供一个充满关爱和支持的学习环境。

（二）表达与反馈

除了倾听之外，班主任还需要通过表达和反馈来深化与学生的情感共鸣。表达是将自己的情感、观点和想法传达给学生的过程，而反馈则是对学生情感和表达的一种回应和确认。通过表达和反馈，班主任能够与学生建立起更加紧密的情感联系，进一步增进师生间的相互理解和信任。

在表达方面，班主任可以适时地分享自己的情感体验和看法。这不仅能够让学生感受到班主任的真诚和共鸣，还能够为他们提供一个理解和接纳自己情感的参考框架。例如，当学生在面对挫折和困难时感到沮丧和无助时，班主任可以分享自己曾经类似的经历以及是如何克服这些困难的。这样的表达能够让学生感到被理解和被支持，从而激发他们的勇气和信心去面对自己的挑战。

同时，对于学生的情感表达，班主任要给予积极的反馈和回应。这种反馈可以是言语上的肯定和鼓励，也可以是行动上的支持和帮助。例如，当学生向班主任倾诉自己的困惑和烦恼时，班主任可以给予安慰和支持；当学生在课堂上积极发言或提出有价值的观点时，班主任可以给予认可和赞赏。这种积极的反馈能够让学生知道自己的情感得到了理解和关注，从而增强他们的自信心和归属感。

在反馈的过程中，班主任还需要注意几点：一是要保持真诚和客观的态度；二是要针对学生的具体表现和需求给予个性化的反馈；三是要及时给予反馈以保持与学生的良好沟通和互动。

除了言语和行动上的反馈外，班主任还可以通过其他方式来深化与学生的情感共鸣。如组织班级活动、参与学生的课外活动、关注学生的社交媒体动态等都能够增加班主任与学生之间的互动和交流机会，进一步增进师生间的相互理解和信任。

（三）尊重与包容

在情感教育中，尊重与包容是至关重要的。每个学生都是独一无二的个体，他们的情感和需求都有其独特性。作为初中班主任，我们需要尊重学生的个性差异和情感需求，以包容的心态面对学生的不同情感和表达方式。这种尊重与包容能够让学生感受到被接纳和被认可，从而巩固师生间的相互理解和信任，为学生的健康成长创造一个更加和谐、包容的环境。

尊重是情感教育的基础。每个学生都有自己的个性、兴趣和价值观，应该尊重他们的选择和决定，避免对学生的情感和需求进行刻板的评价和判断。例如，当学生表达自己的独特观点或情感时，即使这些观点或情感与我们的期望或主流观念不符，我们也应该保持开放的心态，尊重他们的表达权，并尝试理解他们的立场和情感来源。

包容则是尊重的延伸。在班级中，学生来自不同的家庭背景，有着不同的成长经历和情感体验。这导致他们在情感表达和处理方式上可能存在差异。作为班主任，要以一种包容的心态去理解和接纳这些差异，不对学生的情感进行简单的是非判断或道德评价。要相信每个学生都有其独特的价值和潜力，并努力为他们创造一个充满机会和可能性的学习环境。

二、情感沟通

（一）创设良好的沟通氛围

沟通是人与人之间心灵交流的桥梁，而良好的氛围则是沟通得以顺利进行的前提。对于初中班主任而言，打破与学生之间的沟通障碍，首要任务就是营造一个良好的沟通氛围。

1.营造轻松、和谐的班级氛围

一个轻松、和谐的班级氛围能够让学生感受到安全和温暖，从而敢于表达自己的看法和情感。班主任可以通过组织多样化的班级活动，如团队游戏、角色扮演、小组讨论等，让学生在轻松愉快的氛围中交流互动。同时，班主任还可以利用班会等机会，鼓励学生分享自己的生活和情感经历，增进彼此的了解和信任。

2.提供充足的交流时间和机会

为了让学生能够充分表达自己的想法，班主任需要为他们提供充足的交流时间和机会。例如，可以设置固定的谈心时间，让学生可以随时找班主任倾诉心事；或者在班级里设立"意见箱"，鼓励学生匿名提出自己的建议和意见。通过这些方式，可以让学生感受到自己的声音被重视和尊重，从而更加愿意与班主任进行心灵交流。

3.保持开放和接纳的态度

在与学生沟通的过程中，班主任需要保持开放和接纳的态度。无论学生表达的是积极的情感还是消极的情绪，班主任都应该给予关注和理解。同时，班主任还要尊重学生的个体差异和独特性，不轻易对学生的想法和行为进行评判或指责。通过保持开放和接纳的态度，可以让学生感受到班主任的关心和支持，从而更加愿意敞开心扉与班主任交流。

（二）掌握有效的沟通技巧

在情感沟通中，掌握有效的沟通技巧是非常重要的。这些技巧能够帮助班主任更好地与学生进行心灵交流，理解他们的需求和情感状态。以下是一些有效的沟通技巧。

1.学会倾听

倾听是沟通中最基本的技巧之一。班主任需要耐心地倾听学生的讲述，不打断他们的发言，不轻易给出自己的意见或建议。通过倾听，可以让学生感受到自己的声音被重视和被尊重，从而更加愿意与班主任分享自己的心事和情感经历。

2.清晰表达

清晰表达是沟通中另一个重要的技巧。班主任需要用简洁明了的语言表达自己的意思，避免使用模糊或含糊不清的措辞。同时，还要注意自己的语气和语调，确保自己的表达能够被学生理解和接受。通过清晰表达，可以让学生更加准确地理解班主任的意图和要求，从而更加有效地进行沟通。

3.给予反馈

给予反馈是沟通中不可或缺的一环。班主任需要及时给予学生反馈，让他们知道自己的表现如何，以及需要改进的地方。在给予反馈时，要注意使用积极的语言和措辞，避免批评或指责学生。通过给予反馈，可以让学生更加清楚地了解自己的优缺点和进步方向，从而更加有动力去改进和提高自己。

（三）处理沟通中的冲突和障碍

在沟通过程中，难免会出现冲突和障碍。这些冲突和障碍可能会阻碍沟通的顺利进行，甚至导致沟通失败。因此，班主任需要学会处理这些冲突和障碍，以确保沟通能够顺利进行。以下是一些处理冲突和障碍的方法。

1.保持冷静和理智的态度

在面对冲突和障碍时，班主任需要保持冷静和理智的态度。不要急于作出决策或采取行动，而是要先了解事情的来龙去脉和前因后果。通过深入了解和分析问题，可以更加准确地找到解决冲突和障碍的方法。

2.寻求第三方的帮助和支持

当冲突和障碍无法通过双方协商解决时，班主任可以寻求第三方的帮助和支持。例如，可以邀请学校心理辅导老师或其他专业人士介入调解和处理问题。通过第三方的介入和帮助，可以更加客观地看待问题并找到合理的解决方案。

3.寻找解决问题的有效途径

在处理冲突和障碍时，班主任需要寻找解决问题的有效途径。这包括与学生进行深入的沟通和交流、了解他们的需求和情感状态、以及寻找双方都能接受的解决方案等。通过寻找有效的解决途径并付诸实践，可以让学生感受到问题得到了妥善的处理，从而更加信任和支持班主任的工作。同时，也有助于提高班主任的沟通能力和解决问题的能力，为未来的工作打下坚实的基础。

三、情感激励

（一）发现并赞美学生的优点和进步

每个学生都是一颗独特的种子，拥有自己独特的优点和潜力。作为班主任，我们的一项重要任务就是发现并赞美这些优点和进步，让每个学生都能感受到自己的价值和成就。

1.细心观察，发现学生的优点

班主任需要细心观察每个学生的表现，从他们的言行举止中发现他们的优点。这些优点可能体现在学业上，如优秀的成绩、独特的解题思路；也可能体现在品德上，如诚实守信、乐于助人；还可能体现在才艺上，如音乐、绘画等方面的天赋。通过细心观察，班主任可以更加全面地了解每个学生，为赞美提供有力的依据。

2.及时赞美，让学生感受成就

一旦发现学生的优点和进步，班主任需要及时给予赞美。这种赞美可以是口头的表扬，也可以是书面的鼓励。赞美的语言要真诚、具体，让学生能够感受到班主任的关注和认可。同时，赞美的时机也要恰当，最好在学生取得进步或者表现出优点的时候及时给予赞美，让学生感受到自己的成就得到了即时的认可。

3.多样化赞美方式，激发学生动力

除了口头和书面的赞美外，班主任还可以采用其他多样化的赞美方式，如颁发奖状、给予小礼品等。这些方式可以让学生更加直观地感受到自己的成就得到了认可，从而激发他们的学习动力和热情。同时，班主任还可以根据不同的学生特点和需求，采用不同的赞美方式，让每个学生都能感受到自己的独特性和价值。

（二）设定明确、可实现的目标并给予鼓励和支持

设定明确、可实现的目标是学生取得成功的关键。作为班主任，我们需要与学生一起制定学习目标，并给予他们鼓励和支持以实现这些目标。

1.与学生沟通，了解他们的需求和期望

在设定目标之前，班主任需要与学生进行充分的沟通，了解他们的需求和

期望。这样可以确保设定的目标符合学生的实际情况和需求，提高他们的积极性和参与度。同时，通过与学生的沟通，班主任还可以更加深入地了解每个学生的特点和需求，为后续的目标设定和提供支持奠定基础。

2.制定明确、可实现的目标

根据学生的需求和期望，班主任可以与学生一起制定明确、可实现的学习目标。这些目标应该具有可衡量性、时限性和挑战性，能够激发学生的学习动力和热情。同时，目标的设定也需要考虑到学生的实际情况和能力水平，避免过高或过低的目标对学生造成压力或失去挑战性。

3.给予鼓励和支持，助力学生实现目标

设定目标后，班主任需要给予学生持续的鼓励和支持，帮助他们实现这些目标。这可以是通过定期的跟进和反馈、提供必要的学习资源和辅导、给予学生情感上的支持和鼓励等方式实现。通过这些措施，班主任可以让学生感受到自己的关注和支持，激发他们的学习动力和自信心，助力他们实现设定的学习目标。

（三）运用积极的教育方式和评价手段

积极的教育方式和评价手段能够让学生感受到学习的乐趣和成就感。作为班主任，我们需要采用生动有趣的教学方式、丰富多彩的教学活动以及正面积极的评价方式等手段来激发学生的学习动力和热情。

1.采用生动有趣的教学方式

生动有趣的教学方式能够吸引学生的注意力和兴趣，提高他们的学习积极性。班主任可以采用多媒体教学、情境模拟、角色扮演等生动有趣的教学方式来呈现知识内容，让学生在轻松愉悦的氛围中学习知识。同时，班主任还可以结合学生的兴趣和特点设计教学内容和活动形式，让学生更加主动地参与到学习中来。

2.组织丰富多彩的教学活动

丰富多彩的教学活动可以让学生在学习中获得更多的实践机会和体验感受，提高他们的学习兴趣和动力。班主任可以组织课堂讨论、小组合作、实践操作等丰富多彩的教学活动，让学生在活动中学习和掌握知识。同时，这些活动还能够培养学生的团队合作精神和实践能力，提高他们的综合素质和能力水平。

3.采用正面积极的评价方式

正面积极的评价方式能够让学生感受到自己的进步和成就，激发他们的学习动力和自信心。班主任可以采用鼓励性语言、肯定性评价等方式来评价学生的表现和成绩，让学生感受到自己的努力和进步得到了认可和鼓励。同时，班主任还可以引导学生进行自我评价和互评，让他们学会欣赏他人的优点和进步，培养他们的宽容和包容心态。

四、情感关怀

（一）了解并关注学生的情感需求变化

学生的情感需求是他们内心世界的真实反映，也是他们成长过程中的重要部分。作为初中班主任，了解并关注学生的情感需求变化是一项至关重要的任务。这不仅是因为学生的情感需求会直接影响他们的学习、生活和人际交往，更是因为在学生成长的关键时期，积极的情感关怀和支持能够为他们打下坚实的心理健康基础。

在日常工作中，班主任可以通过多种途径了解学生的情感需求。首先，观察学生的情绪变化是一个直观且有效的方法。情绪是情感的外在表现，学生的喜怒哀乐、紧张焦虑等情绪都能在一定程度上反映出他们的情感需求。例如，当一个平时活泼开朗的学生突然变得沉默寡言时，班主任就应该警觉并主动去了解他的内心世界，看是否存在什么困扰或问题。

其次，班主任可以通过与学生进行深入的交流来了解他们的情感需求。这种交流可以是面对面的谈话，也可以是书信、电子邮件等书面形式。在交流中，班主任需要保持耐心和细心，认真倾听学生的心声，理解他们的感受和需求。同时，班主任也要尊重学生的个性和隐私，避免强迫他们透露不愿意分享的信息。

最后，班主任还可以通过了解学生的家庭背景和生活环境等方面的情况来间接了解他们的情感需求。家庭是学生成长的重要环境之一，不同的家庭背景和生活环境会对学生的情感需求产生不同的影响。例如，来自离异家庭或贫困家庭的学生可能会更需要情感上的关怀和支持。因此，班主任可以通过与学生家长保持联系和沟通来了解学生的家庭情况，并据此对学生的情感需求作出更准确的判断。

在了解学生的情感需求后，班主任需要及时给予关注和回应。这包括提供必要的支持和帮助以缓解学生的情感困扰和问题；给予学生积极的反馈和鼓励以增强他们的自信心和积极情感；引导学生学会自我调节和管理情感以提高他们的情感素养和心理健康水平。

（二）提供个性化的情感支持和帮助

每个学生都是独一无二的个体，他们有着自己独特的情感需求和表达方式。因此，提供个性化的情感支持和帮助是初中班主任满足学生不同需求的重要手段，也是促进学生心理健康发展的关键环节。

为了实现个性化的情感支持和帮助，班主任首先需要全面了解每个学生的情感状况和需求。这可以通过一对一的谈心、定期的心理健康测评以及日常观察等途径来实现。在了解了学生的具体情况后，班主任可以针对不同的问题和需求制订个性化的支持计划。

对于一些情感问题比较严重的学生，如遭受欺凌、家庭变故等，班主任可以提供专业的心理咨询和辅导服务。这可以帮助学生缓解心理压力、走出困境并重新建立积极的生活态度。同时，班主任还可以与学校心理老师或专业机构合作，为学生提供更加全面和深入的心理支持和治疗。

除了专业的心理咨询和辅导外，班主任还可以通过组织心理辅导活动来帮助学生解决情感问题。例如，可以定期开展以情感为主题的团体辅导活动，让学生在互动中学会表达和处理自己的情感；或者组织角色扮演、情景模拟等活动，让学生在模拟的情境中体验和学习如何应对现实生活中的情感挑战。

此外，班主任还可以通过开展心理健康教育来提高学生的情感素养和心理健康水平。这可以包括开设心理健康课程、举办讲座或工作坊等形式，向学生传授情感管理、压力应对等方面的知识和技能，帮助他们建立健康的心理状态和良好的情感素质。

在提供个性化的情感支持和帮助时，班主任需要注意几点：首先，尊重学生的个体差异和需求，避免一刀切的支持方式；其次，保持耐心和关注，及时回应学生的需求和变化；最后，注重与家长的沟通和合作，共同为学生的心理健康发展提供支持。

（三）培养学生的自我认知和情感管理能力

自我认知和情感管理能力是学生心理健康的重要组成部分，也是他们应对未来挑战的关键能力之一。作为初中班主任，培养学生的自我认知和情感管理能力不仅有助于他们当前的心理健康，更能为他们的长远发展奠定坚实基础。

首先，培养学生的自我认知能力是提升他们情感管理水平的前提。自我认知是指学生对自己的内心世界、个性特点、价值观等方面的了解和认识。只有当学生能够清晰地认识自己时，才能准确地识别自己的情感和需求，进而采取有效的措施来管理自己的情感。因此，班主任可以通过开展心理健康课程、组织心理测评等活动，帮助学生了解自己的内心世界和特点，引导他们建立正确的自我认知。

其次，教授学生有效的情感管理技巧和方法是提升他们情感管理能力的关键。情感管理是指学生通过一系列的方法和技巧来调节自己的情感，保持情绪的稳定和积极的心态。班主任可以通过开展讲座、工作坊等活动，向学生传授情绪调节、压力应对等方面的技巧和方法，帮助他们学会在面对困难和挑战时如何保持冷静和乐观的心态。同时，班主任还可以通过案例分析、角色扮演等形式，让学生在实践中学习和掌握这些技巧和方法，提高他们的实际应用能力。

再次，培养学生的积极心态和情绪调节能力也是提升他们情感管理水平的重要环节。积极心态是指学生面对困难和挑战时能够保持乐观、自信的态度，并从中寻找机遇和成长的空间；情绪调节能力则是指学生能够根据自己的需要和环境的变化灵活地调整自己的情绪状态，保持内心的平衡和稳定。为了培养学生的积极心态和情绪调节能力，班主任可以组织一些团体心理辅导活动，如团队建设、心理拓展训练等，让学生们体验和学习如何面对挑战与调整自己的情绪状态；同时，还可以通过鼓励学生参加课外活动、培养他们的兴趣爱好等方式，帮助他们建立积极向上的生活态度和良好的情绪调节机制。

最后，班主任还需要与家长密切合作，共同培养学生的自我认知和情感管理能力。家庭是学生成长的重要环境之一，家长对学生的情感态度和教育方式会直接影响学生的自我认知和情感管理能力的发展。因此，班主任可以通过家长会、家访等途径与家长进行深入的沟通和交流，向他们传授相关的知识和方法，引导他们在日常生活中关注并培养学生的自我认知和情感管理能力，形成家校共育的良好局面。

第二节　班主任在情感教育中的师德建设

一、以身作则

（一）坚守教育初心，热爱教育事业

教育，被誉为"人类灵魂的工程师"。作为初中班主任，我们所承担的不仅仅是一份职业，更是一份崇高而神圣的使命。每一位教育者，都应当坚定地怀抱着教育的初心，对教育事业充满热爱和激情。

坚守教育初心，意味着我们始终不忘为何选择成为教育者。或许是因为某个触动心灵的瞬间，或许是因为对教育理念的认同，我们选择了这条道路，愿意为学生的成长付出心血。这份初心，就如同灯塔，照亮我们前行的方向，让我们在教育的道路上始终不偏离。

热爱教育事业，是对教育工作的深沉情感。当我们走进教室，看到学生们渴望知识的眼神，感受到他们对未来的憧憬和期待，我们的内心会充满喜悦和满足。我们愿意为学生的每一个进步欢呼，愿意为他们的困惑和难题竭尽所能。这份热爱，是推动我们不断前行的动力。

以身作则，是教育者传递情感态度的重要方式。作为班主任，我们的一举一动都会成为学生模仿的对象。当我们以积极的态度面对工作，以平和的心态处理学生的问题，以乐观的精神鼓励学生面对困难，我们就在无形中为他们树立了积极向上的榜样。

坚守教育初心、热爱教育事业并以身作则，是每一位班主任应当秉持的教育理念。当我们真正做到这些时，我们就在为学生传递一份珍贵的礼物——对知识的渴望、对生活的热爱、对未来的信心。

（二）严谨治学，追求卓越

作为初中班主任，我们不仅是学生的引导者，更是他们学术道路上的启蒙者。因此，严谨治学和追求卓越对于我们来说至关重要。

严谨治学意味着对学术知识的敬畏和对真理的不懈追求。这要求我们不断学习和更新自己的知识库，保持对学科前沿动态的关注。要对所教授的内容进行深入研究和思考，确保传递给学生的是准确、全面的知识。同时，还要注重培养学生的批判性思维和独立思考能力，鼓励他们勇于质疑和探索未知领域。

追求卓越则是对教育质量的高标准和对自己教学能力的不断提升。作为班主任，应该对自己的教学水平有清晰的认识和准确的评估。通过参加教育培训、观摩其他优秀教师的课堂、与同行交流经验等方式，不断提高自己的教育教学能力。要努力创新教学方法和手段，关注学生的学习兴趣和需求，激发他们的学习动力和潜能。同时，还要注重培养学生的综合素质和创新能力，为他们未来的发展奠定坚实的基础。

在严谨治学和追求卓越的过程中，还要注重反思和实践的结合。通过反思自己的教学实践和经验教训，不断改进教学方法和策略。同时，还要勇于尝试新的教学实践并探索教育领域的新趋势和新理念。通过实践不断验证和完善自己的教学理念和方法论体系，为学生提供更加优质的教育服务。

二、情感投入

（一）深入了解学生，建立良好的师生关系

作为初中班主任，与学生建立深厚的师生关系是教育工作的基石。每个学生都是一个独特的个体，有着自己的性格、特点和需求。为了真正走进学生的内心世界，班主任需要付出大量的心血和时间。

定期沟通与互动：班主任可以利用班会、座谈会或个别谈心的方式与学生进行沟通。这种定期的互动可以让学生感受到班主任的关心，同时也为班主任提供了一个了解学生近况和心声的途径。

细心观察与记录：除了直接的沟通，班主任还可以通过观察学生的日常行为、情绪变化等来了解他们。例如，某个学生最近上课经常分心，可能是家里有什么事情让他烦恼；或者某个学生突然变得沉默寡言，可能是遇到了什么难以启齿的困境。这些细微的变化都需要班主任细心捕捉并记录下来，以便及时为学生提供帮助。

倾听与理解：当学生愿意与班主任分享自己的心事时，班主任要做的首先是倾听。不要轻易打断学生，也不要急于给出建议或评价。只有当学生感受到自己的话被真正听到和理解时，他们才会更加信任班主任，与班主任建立更深厚的情感联系。

（二）关注学生的情感变化，及时给予帮助和支持

初中阶段的学生正处于青春期，他们的情感世界丰富而复杂，容易受到各种外界因素的影响。因此，班主任需要特别关注学生的情感变化。

敏锐的洞察力：班主任要时刻保持警觉，对学生的情感波动保持高度敏感。一旦发现学生有情绪低落、焦虑、抑郁等迹象，要立即采取措施进行干预。

提供心理支持：当学生遇到情感困扰时，班主任可以通过倾听、安慰、鼓励等方式为他们提供心理支持。同时，也可以推荐学生去学校的心理咨询室寻求专业帮助。

与家长合作：学生的情感问题往往与家庭环境密切相关。因此，班主任需要与学生的家长保持密切联系，共同关注学生的情感变化，寻找解决问题的最佳途径。

（三）开展丰富多彩的活动，促进学生的全面发展

除了关注学生的学业成绩外，班主任还要注重学生的全面发展。丰富多彩的活动不仅可以让学生在紧张的学习之余得到放松和娱乐，还可以培养他们的团队合作精神、创新思维和实践能力。

文艺比赛和体育竞赛：通过组织各种文艺比赛和体育竞赛，可以让学生展示自己的才艺和体能，同时培养他们的竞争意识和团队协作精神。这些活动还可以让学生发现自己的潜力和兴趣所在，为未来的发展方向提供参考。

社会实践活动：社会实践活动可以让学生走出校园，接触社会了解社会现实和问题。通过参与社会公益活动、志愿服务等可以培养学生的社会责任感和公民意识，提高他们的社会适应能力。

班级文化建设：班主任还可以通过班级文化建设营造积极向上、温馨和谐的班级氛围，如可以设立班级图书角、植物角等，让学生共同参与班级环境的布置和管理；同时，还可以通过班会等形式，让学生了解班级动态，共同参与班级决策，培养学生的集体荣誉感和归属感。

（四）与家长保持密切联系共同关注学生的成长

学生的成长不仅仅是学校的事情，家庭也扮演着非常重要的角色。因此，班主任需要与家长保持密切的联系和沟通，共同关注学生的成长和发展。

定期家长会：通过定期召开家长会，可以让家长了解学生在学校的表现和进步，同时也可以向家长反馈学生在家庭中的情况。这种双向的沟通可以让家长和班主任更加全面地了解学生，为他们的成长提供更加有针对性的支持和帮助。

个别沟通：除了定期的家长会，班主任还可以通过电话、微信等方式与家长进行个别沟通。这种沟通方式可以更加及时地解决学生在学校和家庭中遇到的问题，同时也可以让家长感受到班主任对学生的关心和关注。

共同制订教育计划：班主任可以与家长共同制订学生的教育计划，明确学生的发展目标和行动计划。通过共同制订教育计划，可以让家长更加了解学校的教育理念和教学要求，同时也可以让班主任更加了解学生的家庭背景和特点，为学生提供更加个性化的教育支持。

三、尊重与理解

（一）尊重学生的个性和差异

每个学生都是一本独特的书，拥有自己的个性和差异。这些个性和差异不仅体现在他们的外貌、性格、兴趣爱好上，更深刻地影响他们的学习方式、思考模式和行为习惯。作为初中班主任，应该像细心的读者一样，去认真阅读每一个学生，尊重他们的个性和差异。

尊重个性意味着接纳和理解。要接纳每个学生的独特性，不试图将他们塑造成统一的模式。理解则要求我们深入学生的内心世界，去感知他们的情感和需求。每个学生都有自己的成长节奏和路径，要尊重这些节奏和路径，允许他们以自己的方式去探索和学习。

在尊重个性的基础上，还要学会欣赏和赞美学生的优点和特长。每个学生都有自己的闪光点，这些闪光点可能是学术上的成就、艺术上的天赋，也可能是人格上的魅力。要及时发现并赞美这些优点和特长，让学生感受到自己的价值和被认可的快乐。

同时，尊重差异意味着要关注学生的特殊需求。有些学生可能在某些方面存在困难或挑战，要以包容和理解的态度去面对这些困难或挑战，为学生提供必要的支持和帮助。通过个性化的教育计划和辅导措施，我们可以帮助学生克服困难，发展他们的潜能和优势。

（二）倾听学生的声音，关注他们的情感需求

作为班主任，我们的职责不仅是教授知识和管理班级，更重要的是倾听学生的声音，关注他们的情感需求。初中阶段是学生情感波动较大的时期，他们面临着身心变化、人际关系、学业压力等多方面的挑战。因此，我们需要时刻保持敏锐的洞察力，及时发现并解决学生的情感问题。

倾听是有效沟通的关键。要创造一个开放、安全的环境，让学生能够自由地表达自己的情感和需求。在与学生的交流中，要保持耐心和关注，不打断学生的发言，不轻易给出评判或建议。通过倾听，我们可以更好地了解学生的内心世界，理解他们的情感困扰和需求。

在倾听的基础上，还要给予学生情感上的支持和帮助。这可以体现为提供一个温暖的拥抱、一句鼓励的话语、一次真诚的谈话或一份实际的帮助。要让学生感受到自己的情感得到了关注和回应，从而增强他们的安全感和信任感。

同时，还要鼓励学生表达自己的观点和意见，培养他们的自我意识和表达能力。这可以通过组织讨论、辩论、角色扮演等活动实现。通过这些活动，学生可以学会如何表达自己的观点、如何处理人际关系中的冲突和矛盾，从而增强他们的社会适应能力和心理健康水平。

（三）理解学生的困惑和挑战，给予积极的引导和支持

初中阶段是学生面临诸多困惑和挑战的时期。这些困惑和挑战可能来自学业、人际关系、自我认知等方面。作为班主任，要理解学生所面临的压力和困惑，给予他们积极的引导和支持。

首先，要通过观察和沟通了解学生所面临的具体困惑和挑战。这需要保持敏锐的洞察力和良好的沟通技巧，及时发现并解决学生的问题。同时，还要鼓励学生主动向班主任寻求帮助，让他们知道老师始终在支持着他们。

其次，针对学生的困惑和挑战，要给予积极的引导和支持。这可以通过提供心理咨询、学业辅导等方式实现。可以邀请专业的心理咨询师，为学生提供个性化的心理辅导，帮助他们解决情感困扰和心理问题。同时，还可以组织学习小组、辅导课程等，为学生提供学业上的支持和帮助。通过这些措施，可以帮助学生解决实际问题，增强他们的自信心和应对能力。

在提供支持和帮助的过程中，还要注重培养学生的自主能力和解决问题的能力。要引导学生学会分析问题、制订计划、采取行动并反思结果，从而培养他们的批判性思维和解决问题的能力。同时，还要鼓励学生勇敢面对挑战，培养他们的抗挫能力和坚韧品质。

第三节　建立积极健康的师生关系的策略

一、倾听与理解

（一）创造倾听的环境

作为初中班主任，我们的首要职责是关心和理解每一个学生。为了更深入地了解他们的内心世界、情感需求和挑战，我们需要为学生创造一个倾听的环境。这个环境应该是开放的、安全的、无压迫感的，让学生能够自由地表达自己的情感和需求。

为了实现这一目标，班主任可以采取多种措施。首先，定期的个人或小组会谈是非常有效的途径。这些会谈应该保证私密性，让学生能够信任并愿意分享自己的心声。在这样的环境中，班主任需要展现出耐心和关心，鼓励学生表达自己的真实感受。此外，班主任还可以通过日常观察、一对一的交流等方式，积极寻找和创造与学生沟通的机会。

在营造倾听环境的过程中，班主任需要注意几点：首先，要尊重学生的个体差异和独特性，避免对学生形成刻板印象或偏见；其次，要保持开放的心态和态度，愿意听取和接纳学生的不同观点和想法；最后，要关注学生的情感变化和需求，及时调整自己的倾听策略和方法。

通过创造一个倾听的环境，班主任可以更好地了解学生的内心世界和情感需求，为他们提供更加个性化和有效的支持和帮助。同时，这也有助于建立师生之间的信任和联系，促进学生的全面发展和健康成长。

（二）积极倾听的技巧

倾听是一项需要技巧和耐心的艺术。对于初中班主任来说，积极倾听是与学生建立有效沟通的关键环节。通过倾听，我们可以更好地理解学生的情感和需求，为他们提供有针对性的帮助和支持。

积极倾听的技巧包括以下几个方面。首先，要保持专注和耐心，给予学生足够的空间和充分的时间来表达自己的想法和感受。避免打断或匆忙给出建议。其次，要学会使用开放性的问题来引导学生深入表达。例如："你能告诉我更多关于这件事的感受吗？"或者："你觉得这个问题有什么可能的解决方法？"这样的问题可以鼓励学生更深入地思考和表达自己的情感和需求。

另外，重复、澄清和总结学生的观点也是积极倾听的重要技巧。通过重复学生的话语或者简单地总结他们的观点，可以确保我们准确理解了学生的意思，并让学生感受到被重视和被理解。同时，通过澄清学生的观点或情感，我们可以更深入地了解他们的内心世界和需求。

除了言语上的技巧外，非言语的沟通方式也同样重要。例如，保持眼神接触、点头示意理解、微笑表达鼓励等都可以向学生传递出关心和理解的信息。这些非言语的信号可以让学生感受到我们的关注和支持，从而更加愿意与我们分享自己的心声。

（三）情感共鸣与同理心

情感共鸣是指班主任能够站在学生的角度，体验他们的情感和感受。这需要班主任具备一定的同理心，能够想象并理解学生的内心世界。通过情感共鸣，班主任可以更加深入地了解学生的需求和问题，从而提供更加有针对性的帮助和支持。

为了实现情感共鸣和展现同理心，班主任可以采取以下措施。首先，尝试理解学生的情感和感受，不要轻易地否定或忽视他们的感受。其次，使用"我"来表达自己的理解和共鸣，如"我理解你的感受"或"我可以想象你现在的心情"。这样可以让学生感受到我们的关心和支持，增强师生之间的信任和联系。最后，给予学生足够的支持和鼓励，让他们知道我们相信他们能够克服困难并取得成功。

通过情感共鸣和同理心，班主任可以更加深入地了解学生的内心世界和需求，从而为他们提供更加个性化和有效的支持和帮助。同时，这也有助于建立良好的师生关系，增强学生的自尊心和自信心，促进他们的全面发展和健康成长。因此，作为初中班主任，我们需要不断培养和提高自己的情感共鸣和同理心能力，以更好地履行我们的职责和使命。

（四）及时反馈与跟进

在倾听学生的心声后，班主任需要及时给予反馈和跟进。这可以是对学生情感的认同和理解，也可以是对学生问题的具体建议和解决方案。通过及时反馈和跟进，班主任可以让学生感受到自己的关注和支持，从而增强师生之间的信任和联系。

及时反馈是让学生知道他们的声音被听到和被重视的关键环节。当学生分享他们的情感、问题或挑战时，班主任应该尽快给予回应，让学生知道他们的感受和需求得到了关注和理解。这种反馈可以是口头的，也可以是书面的，取决于学生的需求和偏好。无论是哪种方式，关键是要真诚、具体和有建设性，让学生感受到我们的关心和支持。

除了及时反馈外，跟进也是非常重要的一环。当学生面临持续的挑战或问题时，班主任应定期跟进，了解学生的进展和需要提供的进一步支持。这可以是通过定期的会谈、电话沟通或电子邮件交流等方式实现，确保学生知道我们一直在关注他们的进步和发展。同时，跟进也可以帮助老师评估自己的工作效果，不断改进和完善，为学生提供更加优质的教育和服务。

二、尊重与信任

（一）尊重学生的个性差异

每个学生都是一本独特的书，拥有自己独特的个性、兴趣和需求。正如世界上没有两片完全相同的叶子，每个学生也都是独一无二的。尊重学生的个性差异，是班主任在教育过程中应当坚守的原则。

尊重个性差异意味着摒弃一刀切的教育方式。传统教育模式往往注重统一和标准，但这样的方式忽视了学生的个体差异。作为班主任，需要认识到每个学生都有自己的学习节奏、学习方式和兴趣点。因此，应该避免对学生进行简单的分类和标签化，而是努力去了解每个学生的独特之处。

了解学生的个性特点和需求是尊重个性差异的前提。班主任可以通过观察学生的行为、与学生交流、与家长沟通等方式来获取这些信息。一旦对学生的个性有了深入的了解，就可以制订个性化的教育计划，以满足学生的不同需求。这样的教育方式不仅能够提高学生的学习效果，还能够培养学生的自信心和自主性。

在实施个性化教育的过程中，班主任需要灵活运用各种教学方法和资源。例如，对于喜欢动手实践的学生，可以提供实验和项目的机会；对于善于表达的学生，可以鼓励他们参与辩论和演讲等活动。同时，班主任还应该关注学生的学习进度和反馈，及时调整教育计划，以确保每个学生都能够得到适合自己的教育。

尊重学生的个性差异不仅仅是一种教育理念，更是一种实践智慧。当真正做到这一点时，班主任就为学生创造了一个充满包容和机会的学习环境，让每个学生都能够在适合自己的道路上自由生长。

（二）信任学生的能力和潜力

信任是一种力量，它可以激发学生的自信心，推动他们勇往直前。作为初中班主任，我们需要充分信任学生的能力和潜力，相信他们有能力克服挑战，实现自己的目标。

每个学生都是一座宝藏，蕴藏着无限的潜力和可能性。然而，在成长过程中，学生可能会遇到挫折和困难，这时他们需要我们的信任和鼓励。当我们给予学生信任时，我们实际上是在传递一种信念：你能够做到！这种信念会激发学生的内在动力，让他们更加积极地面对挑战。

信任学生并不意味着放任自流或是对学生的不足视而不见。相反，它要求我们在给予学生自由的同时，也提供必要的指导和支持。当学生遇到困难时，我们要鼓励他们勇敢面对，并提供解决问题的建议和方法。我们要让学生知道，无论他们遇到什么困难，我们都会陪伴在他们身边，共同渡过难关。

为了培养学生的自信心和积极性，我们还可以通过各种方式来表达对学生的信任。例如，我们可以安排一些具有挑战性的任务让学生完成，并在他们成功时给予肯定和赞赏。我们还可以鼓励学生参与团队活动和竞赛，让他们在合作和竞争中展现自己的能力和潜力。

当我们真正信任学生并鼓励他们积极面对挑战时，我们会发现他们的能力和潜力是超乎想象的。这种信任不仅有助于学生的个人成长和发展，还能够为班级和学校创造更加积极、向上的氛围。

（三）保持诚信和透明度

诚信是教育的基石之一。作为班主任，我们必须以身作则展示出高度的诚信和透明度，为学生树立一个积极的榜样。

保持诚信意味着我们要始终如一地遵守自己的承诺和规定，不让学生对我们的言行产生任何质疑。例如，当我们承诺为学生提供某种支持或资源时，我们必须确保这些承诺能够得到及时和充分的兑现。这样的行为不仅能够赢得学生的信任，还能够培养他们的责任感和诚信精神。

透明度则是建立健康师生关系的关键因素之一。我们需要与学生保持开放和透明的沟通，让他们了解我们的决策背后的理由和考虑因素。如当我们在制定班级规则或安排课程时，我们应该与学生分享这些决策的过程和结果，并鼓励他们提出自己的意见和建议。这样的透明度能够增强学生的参与感和归属感，让他们感受到自己在班级中的重要性和价值。

为了保持诚信和透明度，我们还需要时刻保持警觉，避免任何可能损害这些原则的行为。如我们应该避免在未经充分讨论和考虑的情况下，作出决策或是为了个人利益而违背承诺和规定。同时，我们还需要建立一个有效的反馈机制，让学生能够随时向我们反映问题和提出建议，帮助我们不断改进和完善自己的工作方式和方法。

三、鼓励与支持

（一）激发学生的自信心和积极性

激发学生的自信心和积极性是班主任工作的重要任务之一。自信心是学生积极面对挑战、克服困难的基础，而积极性则是学生主动学习、探索新知的动力。

表扬与肯定：班主任要时刻关注学生的表现，发现他们的优点和长处，并及时给予表扬和肯定。这可以是一个简单的"做得好"或"你真的很棒"的鼓励，也可以是更具体的评价，如"你的数学成绩进步很大，继续努力"等。

鼓励与支持：当学生遇到困难或挫折时，班主任要给予他们鼓励和支持。例如，当一个学生在某次考试中成绩不佳时，班主任可以告诉他："这次考试只是一个小挫折，你还有很多机会证明自己。我相信你可以做得更好！"

设定明确的目标：班主任可以与学生一起设定明确的目标，并鼓励他们努力实现这些目标。当学生达到目标时，他们会感到自己的努力得到了回报，从而增强自信心。

组织竞赛与活动：班主任可以组织一些竞赛或活动，让学生有机会展示自己的才能和技能。这不仅可以增强学生的自信心，还可以提高他们的积极性。

通过以上措施，班主任可以有效地激发学生的自信心和积极性，让他们更加自信、积极面对学习和生活的挑战。

（二）提供必要的学术支持和辅导

学术支持和辅导是班主任工作的重要组成部分。班主仕需要了解每个学生的学习情况和需求，提供必要的学术支持和辅导。

个性化学习计划：班主任可以与学生一起制订个性化的学习计划，明确学习目标和方法。这可以帮助学生在学习过程中更加有针对性地努力。

课外辅导：对于一些学习困难的学生，班主任可以组织课外辅导班或个别辅导，帮助他们解决学习中的问题。

学习资源推荐：班主任可以向学生推荐一些学习资源，如参考书、在线课程等，帮助他们扩展知识面和提升学习效果。

定期反馈与评估：班主任需要定期与学生和家长反馈学生的学习情况，评估他们的进步和存在的问题，并根据需要及时调整学术支持和辅导的策略。

通过以上措施，班主任可以为学生提供必要的学术支持和辅导，帮助他们克服学习中的困难和挑战，取得更好的学业成绩。

（三）关注学生的情感和心理健康

情感和心理健康是学生全面发展的重要组成部分。班主任需要关注学生的情感和心理健康状况，并提供必要的支持和帮助。

倾听和理解：班主任要时刻关注学生的情感变化，倾听他们的心声和困惑。通过倾听和理解，班主任可以更好地了解学生的情感需求和存在的问题。

心理辅导与咨询：对于存在心理困扰的学生，班主任可以提供心理辅导与咨询服务。这可以通过学校心理咨询室、邀请专业心理医生等方式进行。通过心理辅导与咨询，学生可以得到专业的帮助和支持。

情感教育：班主任可以在日常教育中融入情感教育的内容，引导学生关注自己的情感和心理健康。例如，可以通过举办心理健康讲座、组织心理健康活动等方式进行。

与家长合作：班主任需要与家长保持密切联系，共同关注学生的情感和心理健康状况。通过与家长的沟通和合作，可以更好地了解学生的家庭背景和情感需求，为学生的情感和心理健康提供更加全面的支持。

通过以上措施，班主任可以关注学生的情感和心理健康状况，提供必要的支持和帮助，帮助学生建立良好的心理状态和情感调节能力，更好地应对生活中的挑战和压力。

（四）培养学生的自主能力和合作精神

自主能力和合作精神是学生未来生活和工作中不可或缺的重要能力。班主任需要培养学生的自主能力和合作精神，鼓励他们积极参与各种活动和项目，锻炼自己的能力和技能。

组织小组活动：班主任可以组织小组活动或团队项目，让学生分组进行合作和学习。通过小组活动或团队项目，学生可以学会与他人合作、分工协作、解决问题等能力。

鼓励自主决策：在班级管理中，班主任可以给予学生更多的自主权和决策权。例如，让学生参与班级规章制度的制定、组织班级活动等。通过自主决策的过程，学生可以锻炼自己的思考能力和决策能力。

培养创新思维：班主任可以鼓励学生提出自己的想法和建议，培养他们的创新思维和批判性思维。同时，也可以组织一些创新性的活动或项目让学生发挥想象力和创造力。

建立良好的班级文化：一个积极向上、团结互助的班级文化可以为学生提供良好的学习和成长环境。班主任可以通过组织各种班级活动、加强班级管理等方式，建立良好的班级文化，让学生感受到集体的力量和支持。

通过以上措施，班主任可以培养学生的自主能力和合作精神，鼓励他们积极参与各种活动和项目，锻炼自己的能力和技能，为他们的未来发展打下坚实的基础。

第六章　情感教育与家校合作

第一节　家庭在情感教育中的作用

一、家庭氛围

（一）建立良好的亲子关系

家庭氛围是情感教育的基础，而良好的亲子关系则是家庭氛围的核心。在孩子的成长过程中，亲子关系的质量直接影响到孩子的情感发展和心理健康。因此，班主任应该鼓励家长与孩子建立密切的联系，关注孩子的成长和发展，积极参与孩子的生活。

首先，班主任可以通过定期举办家长会、家访等活动，与家长进行面对面的交流，了解孩子在家庭中的表现和问题，为家长提供专业的指导和建议。同时，班主任还可以通过电话、微信等方式与家长保持密切联系，及时了解孩子的情感变化和需求，为家长提供及时的帮助和支持。

其次，班主任应该引导家长注重与孩子的沟通和交流。家长应该以积极、民主的方式与孩子进行沟通和交流，尊重孩子的个性和需求，关注孩子的兴趣和热情，鼓励孩子表达自己的想法和感受。同时，家长还应该与孩子建立互信、互动和互相支持的关系，让孩子感受到家庭的温暖和支持。

最后，班主任还应该引导家长注重家庭教育的技巧和方法。家长应该以身作则，成为孩子的榜样和引路人。在家庭教育中，家长应该注重培养孩子的自主、自信和自尊的品质，鼓励孩子独立思考、自主决策，培养孩子的责任感和担当精神。同时，家长还应该注重培养孩子的社交能力和情感表达能力，让孩子学会与人相处、合作和沟通。

（二）注重家庭教育的方式和技巧

家庭教育是孩子成长的重要环节，而家庭教育的方式和技巧则直接影响到孩子的情感发展和心理健康。因此，班主任应该倡导家长注重家庭教育的方式和技巧，以积极、民主的方式与孩子进行沟通和交流。

首先，班主任应该引导家长注重培养孩子的兴趣和爱好。家长应该关注孩子的兴趣和爱好，鼓励孩子尝试不同的活动和课程，培养孩子的多元智能和综合素质。同时，家长还应该注重培养孩子的自主学习能力，鼓励孩子自主学习、自主探索，培养孩子的创新思维和实践能力。

其次，班主任应该引导家长注重培养孩子的社交能力和情感表达能力。家长应该关注孩子的社交能力和情感表达能力的发展，鼓励孩子与人相处、合作和沟通。同时，家长还应该注重培养孩子的同理心和情感共鸣能力，让孩子学会关心他人、理解他人。

最后，班主任应该引导家长注重培养孩子的自我调节和适应能力。在孩子的成长过程中，会遇到各种困难和挑战，家长应该注重培养孩子的自我调节和适应能力，让孩子学会面对挫折和困难。同时，家长还应该注重培养孩子的自信心和自尊心，让孩子在成长过程中更加自信、自尊、自强。

（三）营造和谐的家庭氛围

和谐的家庭氛围是情感教育的重要保障。班主任应该鼓励家长营造和谐的家庭氛围，包括夫妻和睦、亲子和谐、家庭成员互相关心和支持等。这种氛围能够让学生感受到家庭的温暖和力量，增强他们的情感安全感和自信心，从而有助于他们在学校中更好地学习和成长。

首先，班主任可以鼓励家长营造夫妻和睦的家庭氛围。夫妻之间的感情稳定和互相支持是家庭和谐的基础。班主任可以引导家长注重夫妻之间的沟通和交流，尊重彼此的意见和需求，共同承担家庭责任和义务。同时，班主任也可以邀请专业的婚姻咨询师或家庭治疗师来为家长提供培训和指导，帮助他们更好地处理夫妻之间的关系问题。

其次，班主任可以鼓励家长营造亲子和谐的氛围。亲子之间的感情是家庭和谐的关键因素之一。班主任可以引导家长注重与孩子的沟通和交流，了解孩子的需求和困惑，尊重孩子的个性和选择。同时，班主任也可以邀请专业的心理咨询师或儿童心理学家来为家长提供培训和指导，帮助他们更好地了解孩子的心理需求和发展规律。

最后，班主任可以鼓励家庭成员之间互相关心和支持。家庭成员之间的支持和关心能够增强家庭的凝聚力和力量。班主任可以引导家庭成员之间注重互相沟通和交流，了解彼此的需求和困惑，共同解决问题和支持彼此的发展。同时，也可以通过组织家庭活动、聚餐等形式，增强家庭成员之间的互动和感情，促进家庭的和谐与稳定。

二、家长引导

（一）家长自身要有良好的情感素养

家长是孩子成长过程中的重要角色，他们的情感素养直接影响到孩子的情感发展。因此，班主任应该倡导家长自身要有良好的情感素养，为孩子树立积极的榜样和引导。

首先，家长要保持积极的情感态度和价值观。他们应该以乐观、开朗、宽容、自信等积极的情感态度面对生活和工作，以自己的言行影响和教育孩子。同时，家长也要注重自身的情感调节和适应能力，以更好地应对孩子的情感需求和问题。

其次，家长要具备正确的情感认知和理解能力。他们应该了解孩子的情感需求和问题，能够理解和接纳孩子的情绪变化和行为异常，以更加关注和理解的态度与孩子沟通和交流。同时，家长也要注重自身的情感素养的提高，通过学习、培训和实践等方式不断提高自身的情感认知和理解能力。

最后，家长要积极参与孩子的情感教育过程。他们应该与孩子一起参与各种情感教育活动和课程，了解孩子的情感需求和问题，为孩子的情感发展提供更加全面的支持和帮助。同时，家长也要注重与班主任和其他教育者的合作和沟通，共同为孩子的情感发展创造更加有利的环境。

（二）引导孩子正确看待成功与失败

成功与失败是人生中不可避免的经历。班主任应该鼓励家长引导孩子正确看待成功与失败，教育孩子要以积极的心态面对挫折和困难，培养孩子的自我调节和适应能力。

首先，家长要帮助孩子建立正确的成功观念。他们应该让孩子知道成功不仅仅是获得物质上的奖励或荣誉上的认可，更重要的是在追求目标的过程中所获得的成长和进步。同时，家长也要教育孩子在成功中保持谦虚和感恩的心态，不骄傲自满、沾沾自喜。

其次，家长要引导孩子正确面对失败和挫折。当孩子遇到挫折或失败时，家长要给予鼓励和支持，让孩子知道失败并不是终点而是新的开始。他们可以帮助孩子分析失败的原因和教训，引导孩子从中汲取经验和教训，激发孩子的自我反思和自我成长的能力。

最后，家长要培养孩子的自我调节和适应能力。他们可以鼓励孩子参加一些具有挑战性的活动或课程，让孩子在实践中锻炼自己的意志力和适应能力。同时，家长也可以通过与孩子的沟通和交流、倾听孩子的想法和感受等方式，帮助孩子缓解情绪压力和心理困扰，增强孩子的心理韧性和自我调节能力。

（三）传递积极的情感价值观

积极的情感价值观是情感教育的重要组成部分。班主任应该倡导家长传递积极的情感价值观，如尊重他人、关心他人、热爱生活、热爱学习等。通过这些价值观的传递，可以帮助学生形成积极的人生观和价值观，提高他们的情感素质和道德品质。

首先，家长要注重培养孩子的尊重意识。他们应该教育孩子尊重他人、尊重规则、尊重文化等，让孩子知道尊重是人与人之间相处的基本原则。同时，家长也要以身作则，以自己的言行影响和教育孩子学会尊重他人、尊重社会、尊重自然等。

其次，家长要注重培养孩子的关心意识。他们应该教育孩子关心他人、关心社会、关心环境等，让孩子知道关心是人与人之间相互帮助和支持的基本要求。同时，家长也要以身作则，以自己的言行影响和教育孩子学会关心他人、关心社会、关心环境等。

最后，家长要注重培养孩子的热爱生活和学习的意识。他们应该教育孩子热爱生活、热爱学习、热爱自然等，让孩子知道热爱是追求幸福和成长的基本动力。同时，家长也要以身作则，以自己的言行影响和教育孩子学会热爱生活、热爱学习、热爱自然等。

三、家庭支持

（一）提供必要的情感支持

学生在成长过程中，会遇到各种困难和挑战。家庭作为他们最亲近的避风港，需要为他们提供必要的情感支持。班主任在这方面起着重要的桥梁作用。

首先，班主任应该鼓励家长在孩子遇到困难时给予关心和支持。孩子在学校可能会遇到学业压力、人际关系困扰等，这些都可能给他们带来情绪上的波动。家长需要理解孩子的情感需求，给予他们足够的关心和支持，让他们感受到家庭的温暖。

其次，班主任应该引导家长倾听孩子的诉求和心声。孩子在成长过程中会有自己的想法和感受，家长需要耐心倾听，了解他们的内心世界。这样不仅可以增进亲子关系，还能让孩子感受到被理解和被尊重，从而培养他们的自尊心和自信心。

最后，班主任还需要提供必要的帮助和建议。当孩子遇到困难时，家长可能会感到无助和困惑。班主任作为教育者和指导者，可以提供专业的意见和建议，帮助家长更好地理解和支持孩子。

同时，班主任也要教育孩子学会表达自己的情感和需求。在家庭中，孩子需要学会表达自己的情感和需求，这样才能得到更好的理解和支持。班主任可以通过课堂教育和课外活动等方式，引导孩子学会表达自己的情感和需求，建立积极的情感交流和互动。

（二）增强学生的自信心和安全感

自信心和安全感是学生成长的重要保障。班主任应该通过多种方式增强学生的自信心和安全感。

首先，班主任可以通过肯定和鼓励的方式增强孩子的自信心。当孩子取得进步或表现良好时，班主任应该及时给予肯定和鼓励，让孩子感受到自己的努力得到了认可。这样可以激发孩子的自信心，让他们更加自信地面对未来的挑战。

其次，班主任可以通过培养学生的自我调节能力来增强他们的安全感。当孩子遇到挫折或失败时，班主任可以引导他们正确面对这些困难，学会自我调节和适应。这样可以让孩子更加稳定地面对生活中的各种变化，增强他们的安全感。

同时，班主任还可以通过组织各种活动来增强学生的自信心和安全感。例如，可以组织一些竞赛或展示活动，让学生有机会展示自己的才能和特长。这样可以让孩子更加自信地面对自己和他人的评价，增强他们的自信心和安全感。

（三）与学校保持密切联系

家庭与学校保持密切联系是情感教育的重要环节。班主任应该积极与家长保持联系，了解孩子在家庭中的表现和学习情况，同时也需要及时向家长反馈孩子在学校的情况。

首先，班主任可以通过定期的家长会或家访活动与家长保持联系。在这些活动中，班主任可以与家长交流孩子的表现和学习情况，了解孩子在家庭中的生活状况和情感需求。这样可以更好地了解孩子的全面情况，为情感教育提供更有针对性的指导。

其次，班主任需要及时向家长反馈孩子在学校的情况。当孩子在学校遇到问题或取得进步时，班主任应该及时向家长反馈，让家长了解孩子在学校的情况。这样可以促进家校合作，共同为孩子的健康成长和发展努力。

同时，班主任还可以通过建立班级微信群或 QQ 群等方式与家长保持联系。在这些平台上，班主任可以发布学校通知、学生表现等信息，让家长更加方便地了解孩子在学校的情况。同时，也可以在这些平台上与家长进行交流和互动，增进彼此的了解和信任。

第二节 班主任与家长的沟通与合作

一、建立信任关系

（一）建立信任是合作的基础

在班主任与家长的合作中，信任是至关重要的。只有当班主任和家长之间建立了信任关系，他们才能更好地合作，共同关注学生的成长。

首先，班主任需要展现出对学生的关心和关注，让家长感受到班主任的真诚和责任心。班主任需要关注学生的全面发展，不仅关注学生的学习成绩，还要关注学生的心理健康、社交能力等方面。通过关心和关注，班主任可以赢得家长的信任和支持。

其次，家长也需要对班主任的工作给予支持和理解。家长是孩子的第一任教师，他们对于孩子的成长有着重要的影响。因此，家长需要理解班主任的工作，支持班主任的工作，共同为学生的成长创造良好的环境。

（二）保持沟通畅通，建立互动机制

班主任需要与家长保持密切的沟通，及时了解学生在家庭中的表现和情感状态。通过定期的家长会、电话、微信等方式，班主任可以与家长保持联系，及时反馈学生的学习和生活情况。同时，班主任也可以向家长提供教育建议和资源，帮助家长更好地辅导孩子。

在保持沟通的过程中，班主任需要耐心倾听家长的意见和建议，尊重他们的观点。同时，班主任也需要向家长提供必要的信息和建议，帮助家长更好地了解孩子的情况。

此外，班主任还可以组织一些亲子活动，增进家长与孩子之间的感情，促进家庭与学校的合作。这些活动可以是运动会、文艺演出、社会实践等。通过这些活动，班主任可以与家长建立更加紧密的联系，共同关注学生的成长。

（三）尊重家长，理解差异

每个家庭的教育方式和背景都不同，班主任需要尊重家长的差异，理解他们的教育理念和方法。在与家长的沟通中，班主任需要耐心倾听家长的意见和建议，尊重他们的观点。同时，班主任也需要向家长提供必要的信息和建议，帮助家长更好地了解孩子的情况。

此外，班主任还需要关注每个家庭的文化背景和教育方式，尊重家长的差异。不同的家庭有着不同的教育方式和背景，班主任需要理解并尊重这些差异。在与家长的沟通中，班主任需要耐心倾听家长的意见和建议，尊重他们的观点。同时，班主任也需要向家长提供必要的信息和建议，帮助家长更好地了解孩子的情况。

（四）建立合作目标，共同关注学生的成长

班主任和家长需要共同关注学生的成长，制定合作目标。这些目标可以是学生的学习成绩、心理健康、社交能力等。通过目标的设定，班主任和家长可以更加有针对性地开展工作，共同促进学生的全面发展。

在制定合作目标的过程中，班主任和家长需要共同协商、讨论和制定目标。这些目标需要符合学生的实际情况和发展需求，同时也需要考虑到家庭和学校的实际情况和能力。

在实现合作目标的过程中，班主任和家长需要相互支持和配合。班主任需要提供必要的教育资源和建议，帮助家长更好地辅导孩子；同时，家长也需要积极参与和支持学校的教育工作。通过相互支持和配合，班主任和家长可以共同促进学生的全面发展。

二、定期沟通

（一）定期家长会

定期家长会是班主任与家长沟通的重要途径。在家长会上，班主任可以向家长介绍学校的教育理念、课程安排、学生表现等情况，让家长更加了解学校的教育教学情况，同时也能够更好地了解孩子在学校的表现和成长情况。

定期家长会也是班主任与家长共同探讨如何更好地促进学生的成长的重要途径。在家长会上，班主任可以邀请家长分享家庭教育的经验和困惑，共同探讨如何更好地促进学生的成长。同时，班主任也可以向家长提供专业的指导和建议，帮助家长更好地辅导孩子。

在定期家长会上，班主任还可以向家长介绍学校的教育教学成果和荣誉，让家长更加信任学校的教育教学能力和水平。同时，班主任也可以向家长介绍学校的特色和优势，让家长更加了解学校的教育教学资源和优势。

（二）个别沟通

对于一些特殊情况的学生，班主任需要与家长进行个别沟通。例如，当学生出现情感问题、学习困难等情况时，班主任需要及时与家长联系，了解学生的情况，提供必要的支持和帮助。通过个别沟通，班主任可以更加深入地了解学生的家庭背景和情感需求，为学生的个性化教育提供更加全面的支持。

在个别沟通中，班主任需要注重沟通的方式和方法。首先，班主任需要尊重家长的意见和想法，听取家长的意见和建议。其次，班主任需要注重沟通的语气和态度，以平和、友善的态度与家长进行沟通。最后，班主任需要注重沟通的实效性和针对性，针对学生的问题和需求提供有效的帮助和支持。

（三）利用现代通信工具

除了传统的家长会和个别沟通方式外，班主任还可以利用现代通信工具与家长保持联系。例如，通过电话、微信等方式，班主任可以随时与家长沟通学生的情况，解答家长的疑问和困惑。同时，班主任也可以通过这些工具向家长提供教育资源和建议，帮助家长更好地辅导孩子。

在现代通信工具中，微信是一个非常便捷的沟通工具。班主任可以通过微信群与家长保持联系，及时发布学校的通知和活动信息，让家长更加了解学校的情况。同时，班主任也可以通过微信与家长进行一对一的沟通，解答家长的疑问和困惑。此外，班主任还可以通过微信向家长提供教育资源和建议，帮助家长更好地辅导孩子。

除了微信外，电话也是一个非常实用的沟通工具。班主任可以通过电话与家长进行一对一的沟通，及时了解学生的情况和需求。同时，班主任也可以通过电话向家长提供必要的支持和帮助。此外，班主任还可以通过电话向家长提供教育资源和建议，帮助家长更好地辅导孩子。

三、共同探讨

（一）关注学生的情感需求

学生的情感需求是他们成长过程中的重要组成部分。班主任作为学生成长过程中的重要指导者，需要关注学生的情感需求，了解他们的喜怒哀乐和情感变化。

首先，班主任需要关注学生的情感状态。他们应该通过观察、交流、问卷调查等方式了解学生的情感需求和问题，及时发现并解决学生的情感困扰。同时，班主任也需要关注学生的情感变化，了解他们的情感波动和情绪变化，及时给予关心和支持。

其次，班主任需要引导家长关注孩子的情感需求。家长是孩子成长过程中的重要陪伴者和引导者，他们的关注和支持对于孩子的情感发展具有重要意义。班主任可以与家长沟通交流，引导家长关注孩子的情感需求和问题，共同为孩子的情感发展提供支持和帮助。

最后，班主任还需要为学生提供情感支持。当学生遇到情感问题时，班主任应该给予关心和支持，帮助学生解决问题和缓解情绪压力。同时，班主任也需要为学生提供情感教育方面的指导和帮助，帮助学生形成积极的情感态度和价值观。

（二）共同寻找解决方案

当学生出现情感问题时，班主任和家长需要共同寻找解决方案。他们可以相互协作、相互支持，共同应对学生的情感问题。

首先，班主任可以提供专业的建议和指导。他们可以了解学生的情感问题和发展需求，为学生提供个性化的解决方案。同时，班主任也可以与家长沟通交流，了解家长的意见和建议，共同为学生的情感发展提供支持和帮助。

其次，家长也可以分享自己的经验和做法。他们可以与班主任交流自己的教育方法和经验，为班主任的工作提供有益的参考。同时，家长也可以与孩子一起参与情感教育活动和课程，共同学习和成长。

最后，班主任和家长需要共同寻找解决方案的过程。他们可以通过合作、协商、讨论等方式共同寻找解决方案，为学生提供更加全面和有效的支持和帮助。同时，班主任和家长也需要相互信任和支持，共同为学生的情感发展创造更加有利的环境。

（三）共同培养学生的情感素养

除了关注学生的情感问题外，班主任和家长还需要共同培养学生的情感素养。通过共同的教育和引导，学生可以学会表达自己的情感、理解和尊重他人的情感、处理人际关系等能力。这些能力对于学生的未来生活和职业发展都非常重要。

首先，班主任可以通过课堂教学、心理辅导、团体活动等方式培养学生的情感素养。他们可以引导学生了解自己的情感需求和问题，帮助学生学会表达自己的情感和处理人际关系的能力。同时，班主任也可以通过与家长的沟通和交流、参与家庭教育活动等方式为家长提供指导和帮助。

其次，家长也可以通过家庭教育培养学生的情感素养。他们可以通过与孩子的沟通和交流、参与家庭活动等方式，培养孩子的情感表达和处理人际关系的能力。同时，家长也可以通过与班主任的合作和沟通、参与学校教育活动等方式，为学校教育提供支持和帮助。

最后，班主任和家长需要共同努力培养学生的情感素养。他们可以通过合作、协商、讨论等方式共同制订教育计划和教育目标，为学生提供更加全面和有效的教育和引导。同时，班主任和家长也需要相互信任和支持，共同为学生的未来发展打下坚实的基础。

总之，班主任在家庭情感教育中具有重要的作用。他们需要通过关注学生的情感需求、与家长共同寻找解决方案、共同培养学生的情感素养等方式，促进家庭情感教育的发展和提高家庭教育的质量，为学生的全面发展创造更加有利的环境和条件。

第三节　家校共育的实践与策略

一、明确共同目标

（一）确定共同目标

共同目标是家校双方合作的基础。在情感教育中，共同目标应该基于学生的全面发展，关注他们的情感、态度和价值观。只有当家校双方都明确了这个目标，才能形成教育合力，共同为学生的情感教育努力。

首先，家校双方需要深入了解学生的情感需求和发展阶段特点。通过了解学生的情况，可以更好地制订适合学生的情感教育目标和计划。同时，家校双方也需要关注学生的个性差异和特长爱好，为每个学生提供个性化的情感教育。

其次，家校双方需要明确情感教育的目标。这个目标应该包括培养学生的自尊、自信、自律、自主等品质，帮助他们形成积极、健康、稳定的情感态度和价值观。同时，这个目标也应该包括提高学生的社交能力、沟通能力和解决问题的能力，让他们更好地适应社会和生活的挑战。

最后，家校双方需要共同制订情感教育的实施计划。这个计划应该包括情感教育的目标、内容、方法、时间安排等。通过制订详细的计划，可以确保情感教育的有序进行，提高教育效果。同时，家校双方也需要根据实际情况进行必要的调整和改进，确保情感教育的顺利进行。

（二）制订实施计划

制订实施计划是实现共同目标的关键步骤。在制订实施计划时，家校双方需要考虑有如下方面。

确定情感教育的内容和方法：根据学生的情感需求和发展阶段特点，确定适合的情感教育内容和方法。这些内容和方法应该包括情感认知、情感表达、情感调节等方面的知识和技能。

安排合理的时间：根据学生的课程安排和活动时间，合理安排情感教育的时间。确保学生在学习之余有足够的时间进行情感教育活动。

制定具体的实施步骤：将情感教育的内容和方法转化为具体的实施步骤。这些步骤应该包括活动的设计、活动的组织、活动的评估等环节。

确定合作的方式：家校双方需要确定合作的方式，如定期沟通、互相支持等。通过合作的方式，可以更好地实现共同目标，提高情感教育的效果。

在制订实施计划时，家校双方还需要注意几点。

尊重学生的个性和需求：每个学生都有不同的个性和需求，因此实施计划应该尊重学生的个性和需求，为他们提供个性化的情感教育。

注重实践性和操作性：实施计划应该注重实践性和操作性，确保活动能够顺利开展并取得实效。

及时调整和改进：在实施过程中，家校双方需要及时评估和调整实施计划。如果发现存在问题或不足之处，需要及时进行改进和完善。

（三）定期评估与调整

定期评估与调整是确保情感教育效果的重要环节。通过定期评估，可以及时发现问题并加以改进，确保情感教育的顺利进行。

首先，家校双方需要定期评估情感教育的效果。这个评估应该包括：学生情感认知、情感表达、情感调节等方面的进步；学生社交能力、沟通能力和解决问题能力的提高；学生对自尊、自信、自律、自主等品质的认同和践行等。通过评估，可以及时发现问题并加以改进。

其次，根据评估结果，家校双方需要及时调整实施计划。如果发现存在问题或不足之处，需要及时进行改进和完善。同时，也需要根据实际情况对实施计划进行必要的调整和改进。

最后，家校双方需要保持密切的沟通和联系。在评估和调整过程中，需要及时交流意见和建议，共同探讨解决问题的方法和措施。只有通过密切的沟通和联系，才能确保情感教育的顺利进行并取得实效。

二、共享教育资源

（一）共享教育资源

共享教育资源是家校合作进行情感教育的重要方式之一。通过共享资源，可以为学生提供更丰富的情感体验和学习机会，促进他们的全面发展。

首先，学校可以向家长开放教育设施和教学资源。家长可以通过参观学校的教学设施、图书馆、实验室等，了解学校的教育环境和教育资源。同时，学校也可以邀请家长参与学校的教育教学活动，如听课、观摩等，让家长更好地了解学生的学习情况和需求。

其次，家长也可以向学校提供教育资源和支持。家长可以分享自己的职业、文化、社会经验等资源，为学生提供更丰富的知识和体验。同时，家长也可以为学校的教育教学活动提供支持和帮助，如协助组织活动、提供场地等。

通过共享教育资源，可以让学生在学习中更好地发挥自己的特长和潜力，促进他们的全面发展。同时，也可以让家长更好地了解学校的教育教学情况，增进彼此的了解和信任。

（二）开展合作活动

开展合作活动是家校合作进行情感教育的另一种重要方式。通过合作活动，可以让学生和家长共同参与，增进彼此的了解和信任，同时也可以培养学生的社会责任感和团队协作精神。

首先，可以组织亲子活动。亲子活动可以让学生和家长一起参与游戏、互动、交流等活动，增进彼此的感情和信任。同时，也可以让学生在活动中学习到更多的知识和技能，培养他们的社会责任感和团队协作精神。

其次，可以组织社区服务活动。社区服务活动可以让学生和家长一起参与社区建设、环保、公益等活动，为社会作出贡献。同时，也可以让学生在活动中学习到更多的社会知识和技能，培养他们的社会责任感和团队协作精神。

最后，可以组织文化交流活动。文化交流活动可以让学生和家长一起了解不同文化、历史、风俗等知识，增进彼此的了解和信任。同时，也可以让学生在活动中学习到更多的文化知识和技能，培养他们的文化素养和跨文化交流能力。

三、共同参与活动

（一）共同参与课堂活动

班主任可以邀请家长参与课堂活动，这不仅有助于家长更深入地了解学生的学习情况和需求，也可以增进彼此的了解和信任。通过让家长参与课堂活动，班主任可以与家长建立更加紧密的联系，共同关注学生的成长和发展。

具体而言，班主任可以邀请家长以助教或志愿者的身份参与课堂活动。比如，可以邀请家长来校为学生讲解一些与课程内容相关的知识或分享一些职业经验和人生经历。这样不仅可以让家长更好地了解学生的课堂学习情况，同时也可以为学生带来更多元化的知识和视角。

在邀请家长参与课堂活动的过程中，班主任需要充分考虑家长的实际情况和能力，避免给家长带来过多的负担和压力。同时，班主任也需要充分尊重家长的意见和建议，共同商定活动内容和形式，确保活动的顺利进行。

（二）共同参与课外活动

除了课堂活动外，班主任还可以组织一些课外活动，如社会实践、志愿服务等。这些活动可以让学生和家长共同参与，增进彼此的了解和信任，同时也可以培养学生的社会责任感和团队协作精神。

比如，班主任可以组织学生和家长参加一些社区服务活动，如清理公园、帮助孤寡老人等。通过这些活动，学生和家长可以共同为社会作出贡献，增强彼此之间的联系和信任。同时，这些活动也可以培养学生的社会责任感和团队协作精神，让他们更加关注社会和他人的需要。

在组织课外活动的过程中，班主任需要充分考虑学生的实际情况和需求，确保活动的可行性和安全性。同时，班主任也需要充分尊重家长的意见和建议，共同商定活动内容和形式，确保活动的顺利进行。

通过共同参与课堂活动和课外活动，班主任和家长可以建立起更加紧密的联系和信任关系。这种合作关系可以为学生提供更加全面和优质的教育服务，促进学生的健康成长和发展。同时，也可以让家长更加了解和信任班主任的工作，为学校和家庭之间的合作奠定更加坚实的基础。

第七章　情感教育中的常见问题与挑战

第一节　情感教育中常见的问题与困惑

一、情感教育实施中的表面化与形式化

（一）过度关注形式，忽视实质内容

在情感教育的实施过程中，一些班主任确实存在过度关注形式而忽视实质内容的问题。他们可能过于注重活动的组织和互动环节的设计，而没有深入思考这些活动是否真正触动了学生的内心，是否真正有助于培养学生的情感认知和表达能力。

这种问题的出现，往往源于对情感教育本质理解的不足。一些班主任可能认为，只要学生参与了活动，就能达到情感教育的目的，而没有意识到情感教育更注重的是学生的内心体验和情感表达。他们可能忽视了情感教育的实质内容，即如何培养学生的情感认知、情感表达和情感调节能力。

因此，在情感教育的实施过程中，班主任需要更加注重活动的实质内容，而不是仅仅关注形式。他们需要深入思考活动的目的和意义，确保活动能够真正触动学生的内心，帮助他们形成积极的情感态度和价值观。

（二）缺乏个性化关怀

在情感教育的实施过程中，缺乏个性化关怀是一个常见的问题。每个学生都是独特的个体，他们有着不同的情感需求和成长背景。然而，一些班主任可能没有根据学生的实际情况进行有针对性的教育，导致一些学生无法真正感受到情感教育的意义，甚至产生抵触情绪。

这种问题的出现，往往源于对个性化教育理解的不足。一些班主任可能认为，只要按照统一的标准进行教育，就能达到教育的目的。然而，他们忽视了

每个学生的个性和差异，没有根据学生的实际情况进行有针对性的教育。

因此，在情感教育的实施过程中，班主任需要更加注重个性化关怀。他们需要了解每个学生的情感需求和成长背景，根据学生的实际情况进行有针对性的教育。同时，班主任还需要尊重学生的个性和差异，鼓励他们发挥自己的特长和优势，帮助他们实现自我价值。

（三）缺乏持续性和连贯性

缺乏持续性和连贯性是情感教育实施过程中的另一个常见问题。情感教育是一个长期的过程，需要持续不断地进行。然而，一些班主任可能缺乏对情感教育的持续性和连贯性的认识，没有制订长期的教育计划，也没有将情感教育贯穿到日常教育中。这可能导致情感教育的效果不佳，甚至出现反复的情况。

这种问题的出现，往往源于对情感教育长期性的忽视。一些班主任可能认为，只要在一段时间内进行情感教育就可以了，而没有意识到情感教育是一个长期的过程。他们可能没有制订长期的教育计划，也没有将情感教育贯穿到日常教育中。

因此，在情感教育的实施过程中，班主任需要更加注重持续性和连贯性。他们需要制订长期的教育计划，确保情感教育能够持续不断地进行。同时，班主任还需要将情感教育贯穿到日常教育中，将情感教育与学科教学、班级管理等活动结合起来，形成教育合力。只有这样，才能确保情感教育的效果得到长期稳定的保障。

二、情感教育与学生个体差异的矛盾

（一）忽视学生的个性差异

每个学生都是独一无二的个体，他们有着不同的性格、兴趣和特长，这些因素都会影响他们对于情感教育的接受方式和程度。然而，有些班主任可能忽视了这一点，没有根据学生的实际情况进行有针对性的教育。

例如，一些班主任可能采用一刀切的方式进行情感教育，没有考虑到不同学生的性格和兴趣。对于一些内向、敏感的学生，他们可能更需要的是鼓励和支持，而不是被强制要求表达情感。而对于一些外向、活跃的学生，他们可能更需要的是引导和控制，以避免情绪的失控。

这种忽视学生个性差异的做法，可能会导致情感教育的效果大打折扣。一些学生可能会因为无法真正感受到情感教育的意义而产生抵触情绪，而另一些学生则可能会因为无法适应教育方式而感到困惑和不安。

（二）过于强调共性，忽视个性

在情感教育的实施过程中，一些班主任可能过于强调共性，忽视了个性。他们可能认为只要学生能够按照统一的标准进行情感表达和认知，就能够达到教育的目的。然而，这种做法可能忽略了学生的个性和差异，导致一些学生无法真正融入情感教育中。

例如，一些班主任可能会要求学生按照统一的方式表达情感，而不考虑学生的性格和情感特点。对于一些内向、敏感的学生来说，他们可能更倾向于通过文字、绘画等方式来表达情感，而不是直接口头表达。而对于一些外向、活跃的学生来说，他们可能更倾向于通过参与活动、互动游戏等方式来表达情感。

这种过于强调共性、忽视个性的做法，可能会导致情感教育的效果不尽如人意。一些学生可能会因为无法适应教育方式而感到困惑和不安，而另一些学生则可能会因为无法真正融入情感教育中而感到孤独和无助。

（三）缺乏个性化的指导和支持

对于一些特殊情况的学生，如情感问题、学习困难等，班主任需要给予更多的关注和支持。然而，一些班主任可能缺乏个性化的指导和支持，没有针对学生的实际情况进行有针对性的教育。

例如，一些班主任可能会忽视学生的情感问题，没有及时发现并给予帮助。对于一些有情感问题的学生来说，他们可能更需要的是心理辅导和个性化的指导，以帮助他们走出困境、重建自信。而对于一些学习困难的学生来说，他们可能更需要的是学习方法的指导和个性化的辅导计划，以帮助他们提高学习成绩、增强自信心。

这种缺乏个性化的指导和支持的做法，可能会导致学生的问题得不到有效的解决和支持。一些学生可能会因为无法得到有效的帮助和支持而感到困惑和无助，而另一些学生则可能会因为无法解决问题而产生自卑和抵触情绪。

三、情感教育与学业成绩的平衡问题

（一）过度关注学业成绩，忽视情感教育

在一些学校中，学业成绩被视为衡量学生和教师的重要标准。因此，一些班主任可能会过度关注学生的学业成绩，而忽视了情感教育的重要性。他们可能认为只要学生的学业成绩好，就能够得到家长和社会的认可和赞扬。然而，这种做法可能导致学生出现情感问题和心理问题，影响他们的健康成长和发展。

在过度关注学业成绩的情况下，班主任可能会忽略学生的情感需求和心理状态。他们可能只关注学生的考试成绩和作业完成情况，而没有关注学生的情感变化和心理状态。这种做法可能导致学生出现焦虑、压力等问题，影响他们的学习效果和身心健康。

此外，过度关注学业成绩还可能导致学生出现学习动力不足的问题。当学生只关注考试成绩时，他们可能会失去对学习的兴趣和热情，缺乏主动性和创造性。这种做法不仅会影响学生的学习效果，还会影响他们的成长和发展。

因此，班主任应该平衡关注学业成绩和情感教育。他们应该了解学生的情感需求和心理状态，关注学生的全面发展。同时，班主任也应该注重培养学生的自主学习能力和创造力，激发他们的学习动力和兴趣。

（二）缺乏有效的学业和情感教育相结合的方法

在现实中，很多班主任都希望能够同时关注学生的学业和情感教育。然而，一些班主任可能缺乏有效的学业和情感教育相结合的方法。他们可能只是简单地将两者相加，而没有真正地将两者融合在一起。这可能导致学生在学习过程中出现焦虑、压力等问题，影响他们的学习效果和身心健康。

缺乏有效的学业和情感教育相结合的方法可能会导致如下的问题。

学生的学习效果不佳：如果班主任只是简单地将学业和情感教育相加，而没有真正地将两者融合在一起，学生可能会感到困惑和不安。他们可能会感到自己的学习目标不明确，缺乏学习动力和兴趣。这可能导致学生的学习效果不佳，影响他们的成长和发展。

学生的身心健康受到影响：如果班主任只是简单地将学业和情感教育相加，而没有真正地将两者融合在一起，学生可能会感到焦虑、压力等问题。他们可能会感到自己的学习任务繁重，无法应对各种挑战和压力。这可能导致学生的身心健康受到影响，影响他们的成长和发展。

因此，班主任应该注重探索有效的学业和情感教育相结合的方法。他们应该了解学生的学习特点和需求，关注学生的全面发展。同时，班主任也应该注重培养学生的自主学习能力和创造力，激发他们的学习动力和兴趣。此外，班主任还应该注重与家长的沟通和合作，共同关注学生的成长和发展。

四、家庭和社会对情感教育的认知和接纳度

（一）家庭对情感教育的认知不足

家庭是学生成长的重要环境之一，家庭对情感教育的认知和接纳度对学生的成长和发展有着重要的影响。然而，一些家庭可能对情感教育的认知不足，没有意识到情感教育的重要性。这可能导致学生在家庭中无法得到有效的情感支持和帮助，影响他们的成长和发展。

首先，一些家长可能认为情感教育只是学校的事情，与家庭无关。他们可能认为只要孩子在学校接受教育，就能自然而然地成长和发展，而不需要在家庭中特别注重情感教育。这种认知可能导致家长忽视孩子的情感需求，无法及时给予孩子必要的情感支持和帮助。

其次，一些家长可能缺乏情感教育的知识和技能。他们可能不知道如何有效地与孩子进行情感交流，如何帮助孩子处理情感问题。这可能导致家长在面对孩子的情感问题时感到无助和困惑，无法给予孩子有效的指导和帮助。

最后，一些家庭可能存在情感沟通障碍。家庭成员之间可能缺乏有效的沟通，导致彼此之间的情感需求无法得到满足。这可能导致孩子在家庭中感到孤独和无助，无法得到必要的情感支持和帮助。

（二）社会对情感教育的接纳度不高

社会是学生成长的重要环境之一，社会对情感教育的接纳度对学生的成长和发展有着重要的影响。然而，一些社会成员可能对情感教育的接纳度不高，

认为情感教育只是一种形式上的东西，没有实际意义。这可能导致学生在社会中无法得到有效的情感支持和帮助，影响他们的成长和发展。

首先，一些社会成员可能认为情感教育只是学校的事情，与他们无关。他们可能认为只要孩子在学校接受教育，就能自然而然地成长和发展，而不需要在社会中特别注重情感教育。这种认知可能导致社会忽视孩子的情感需求，无法及时给予孩子必要的情感支持和帮助。

其次，一些社会成员可能缺乏对情感教育的了解和认同。他们可能不知道情感教育的重要性，不知道如何有效地帮助孩子处理情感问题。这可能导致社会在面对孩子的情感问题时感到无助和困惑，无法给予孩子有效的指导和帮助。

最后，一些社会环境可能不利于孩子的情感发展。例如，一些社会环境可能存在暴力、欺凌等问题，这些问题可能导致孩子产生消极的情感体验，影响他们的健康成长和发展。此外，一些社会环境可能缺乏对心理健康的关注和支持，这也可能导致孩子在面对情感问题时无法得到及时的帮助和支持。

总之，家庭和社会对情感教育的认知不足和接纳度不高是导致学生无法得到有效的情感支持和帮助的重要原因之一。为了改善这种情况，我们需要加强家庭和社会对情感教育的认知和接纳度，提高他们对情感教育的重视程度和参与度。同时，我们也需要加强学校和家庭、社会之间的合作，共同为学生的健康成长和发展提供更加全面和优质的教育服务。

第二节　解决情感教育中的困难与挑战

情感教育是初中班主任工作的重要组成部分，但在实际操作中，往往面临着诸多困难和挑战。为了有效解决这些问题，班主任需要采取一系列措施，包括深化情感教育理论与实践的结合、尊重学生差异、构建多元化评价体系以及加强家校合作等。

一、深化情感教育理论与实践的结合

（一）理论学习

理论学习是班主任实施情感教育的基础。为了更好地理解和实践情感教育，班主任需要不断学习和掌握相关的理论知识和研究成果。通过阅读相关书籍、参加培训课程、聆听专家讲座等方式，班主任可以深入了解情感教育的内涵、目标和方法，为自己的实践工作提供理论支持。

在理论学习中，班主任需要关注以下方面。

情感教育的定义和内涵：了解情感教育的本质和核心，明确其与认知教育、道德教育的关系和区别。

情感教育的目标：明确情感教育的目标，即培养学生的情感认知、情感表达和情感调节能力，帮助他们形成积极的情感态度和价值观。

情感教育的方法：学习并掌握情感教育的方法和技巧，如倾听、表达、引导、支持等，以便更好地与学生进行情感交流和互动。

通过理论学习，班主任可以更好地理解情感教育的本质和目标，掌握有效的方法和技巧，为实践工作提供指导。

（二）实践探索

实践探索是班主任实施情感教育的关键环节。只有将所学的理论知识运用到实际工作中，才能真正提高情感教育的效果。在实践探索中，班主任需要关注以下方面。

制定个性化的情感教育方案：结合班级学生的实际情况，制定个性化的情感教育方案。针对不同学生的特点和需求，制定相应的教育策略和方法，确保每个学生都能得到关注和帮助。

创设积极的班级氛围：通过组织丰富多彩的活动、营造温馨和谐的班级氛围等方式，为学生提供积极的情感体验。鼓励学生积极参与班级活动，增强彼此之间的交流和互动，形成良好的班级文化。

关注学生的情感需求：在日常教育中，关注学生的情感需求，及时发现并解决学生在情感方面的问题。通过倾听、引导和支持等方式，帮助学生建立积极的情感态度和价值观。

与学生建立良好的师生关系：作为班主任，要与学生建立良好的师生关系。尊重学生的个性和差异，关心学生的成长和发展。通过与学生的沟通和交流，了解他们的想法和需求，为他们提供必要的帮助和支持。

在实践探索中，班主任需要不断总结经验教训，不断完善自己的教育方法。同时，也可与其他班主任交流、分享经验，共同提高情感教育的效果。

（三）反思总结

反思总结是班主任实施情感教育的重要环节。通过反思自己的工作，总结经验教训，不断完善自己的教育方法，提高情感教育的效果。在反思总结中，班主任需要关注以下方面。

反思自己的教育方法：回顾自己的教育方法，分析其优点和不足。思考如何改进自己的教育方法，提高情感教育的效果。

总结经验教训：总结自己在实践中遇到的问题和困难，分析其原因并提出解决方案。同时，也要总结成功的经验和方法，为今后的工作提供借鉴和参考。

与其他班主任交流、分享：与其他班主任交流、分享经验是提高自己教育水平的重要途径。通过与其他班主任交流、分享经验教训，可以不断完善自己的教育方法，提高情感教育的效果。

制订改进计划：根据反思和总结的结果，制订改进计划。明确改进的目标和方法，制定具体的实施步骤和时间表。确保改进计划的有效实施，提高情感教育的效果。

通过反思总结，班主任可以不断完善自己的教育方法，提高情感教育的效果。同时，也可以为其他班主任提供借鉴和参考，共同推动情感教育的发展。

二、尊重学生差异，个性化情感关怀

（一）了解学生

了解学生是班主任进行个性化情感关怀的第一步。只有深入了解每个学生的性格、兴趣、家庭背景等，班主任才能更好地理解他们的情感需求和问题，为后续的关怀和指导提供依据。

为了更好地了解学生，班主任可以采用多种方式进行观察和交流。例如，通过课堂观察，班主任可以了解学生的学习态度、兴趣和特长；通过与学生的日常交流，班主任可以了解他们的家庭背景、生活习惯和情感需求；通过问卷调查，班主任可以收集到更全面、更客观的学生信息。

在了解学生的过程中，班主任还需要注意以下几点。

尊重学生的隐私：班主任在了解学生的过程中，要尊重学生的隐私权，不随意泄露学生的个人信息。

关注学生的情感变化：学生的情感需求是动态变化的，班主任需要时刻关注学生的情感变化，及时发现问题并给予关怀。

建立良好的师生关系：了解学生是建立良好师生关系的基础，班主任需要与学生建立信任和尊重的关系，让学生感受到班主任的关心和支持。

（二）个性化关怀

个性化关怀是针对不同学生的特点采取的关怀方式。对于内向的学生，班主任要给予更多的鼓励和支持，帮助他们建立自信、勇敢表达自己的情感；对于外向的学生，班主任要引导他们学会控制情绪，避免情绪失控对学习和生活造成不良影响。

为了更好地进行个性化关怀，班主任可以采取以下措施。

建立学生档案：为每个学生建立档案，记录他们的性格特点、兴趣爱好、家庭背景等信息，为后续的关怀提供依据。

定期与学生沟通：定期与学生进行沟通，了解他们的情感需求和问题，及时给予关怀和支持。

开展心理健康辅导：针对学生的心理健康问题，开展心理健康辅导活动，帮助学生建立健康的心理状态。

（三）因材施教

因材施教是针对每个学生的特点制定个性化的教育方案。在课堂教学中，班主任可以采用不同的教学方法和手段，激发学生的学习兴趣；在课外活动中，班主任可以组织多样化的活动，让学生展示自己的特长和才华。

为了更好地因材施教，班主任可以采取以下措施。

制订个性化的学习计划：根据每个学生的学习特点和需求，制订个性化的学习计划，帮助他们更好地掌握知识和技能。

开展多样化的课外活动：组织多样化的课外活动，让学生根据自己的兴趣选择参与，展示自己的特长和才华。

提供个性化的辅导：针对学生的学习困难和问题，提供个性化的辅导服务，帮助他们解决学习难题、提高学习成绩。

三、构建多元化评价体系，平衡情感与学业发展

（一）多元评价

在传统的教育评价体系中，学业成绩往往被视为衡量学生优劣的唯一标准。然而，这种单一的评价方式往往忽略了学生在其他方面的发展和潜力。因此，班主任需要打破这种单一的学业评价体系，引入多元化的评价标准，以更全面地评价学生的综合素质。

首先，班主任应该关注学生的品德发展。品德是学生成长过程中不可或缺的一部分，它关系到学生的道德品质、社会责任感等方面。因此，班主任应该将学生的品德表现纳入评价范围，鼓励学生树立正确的价值观和道德观。

其次，班主任应该关注学生的能力发展。除了学业成绩外，学生的能力也是评价学生综合素质的重要方面。班主任可以通过观察学生在课堂上的表现、参与课外活动的情况等方式，了解学生的能力水平，并给予相应的评价和指导。

最后，班主任还应该关注学生的兴趣发展。每个学生都有自己的兴趣爱好和特长，这些兴趣爱好和特长不仅有助于学生的全面发展，还有助于增强学生的自信心和成就感。因此，班主任应该鼓励学生发展自己的兴趣爱好和特长，并将这些兴趣爱好和特长纳入评价范围。

通过引入多元化的评价标准，班主任可以更全面地了解学生的综合素质，为学生的成长和发展提供更准确的指导。

（二）平衡发展

在情感教育和学业教育之间找到平衡是至关重要的。班主任需要引导学生

平衡情感与学业的发展，以促进他们的全面发展。

首先，班主任应该明确情感教育和学业教育的重要性。情感教育关注学生的情感体验、人际交往、自我认知等方面的发展，而学业教育则关注学生的知识掌握、技能培养等方面的发展。两者相互补充，相互促进。

其次，班主任应该注重培养学生的情感素养。通过开展情感教育活动、心理辅导等方式，帮助学生建立积极的情感态度和价值观。同时，班主任还应该关注学生的心理健康，及时发现并解决学生的心理问题。

最后，班主任应该引导学生平衡学业和情感的发展。在关注学业的同时，也要注重培养学生的情感素养。通过合理安排学习时间和活动时间，让学生在学习和情感方面都能得到充分的发展。

通过平衡情感与学业的发展，班主任可以帮助学生建立健康的心理状态和积极的人生态度，为他们的成长和发展奠定坚实的基础。

（三）激励措施

为了鼓励学生全面发展，班主任需要采取激励措施。对于在学业和情感方面取得优异成绩的学生，要及时给予表扬和奖励，激发他们的积极性和自信心。

首先，班主任可以设立奖励制度。根据学生在学业和情感方面的表现，设立不同的奖项和奖励标准。对于在学业和情感方面取得优异成绩的学生，给予相应的奖励和荣誉。这不仅可以激励学生继续努力，还可以增强他们的自信心和成就感。

其次，班主任可以定期举行表彰大会。在表彰大会上，对表现优秀的学生进行表彰和奖励。这不仅可以让学生感受到自己的努力得到了认可，还可以激励其他学生向优秀学生看齐，形成良好的学习氛围。

最后，班主任还可以通过其他方式激励学生全面发展。例如，可以组织学生参加各种竞赛和活动，让他们在实践中锻炼自己的能力和素质；可以鼓励学生参与社会实践和志愿服务等活动，培养他们的社会责任感和奉献精神；还可以为学生提供个性化的指导和帮助，让他们更好地发挥自己的潜力和优势。

通过采取激励措施，班主任可以鼓励学生全面发展，提高他们的综合素质和能力水平。同时也可以增强学生的自信心和成就感，为他们未来的成长和发展奠定坚实的基础。

四、加强家校合作，共同推进情感教育

（一）沟通交流

班主任与家长之间的沟通交流是情感教育中的关键环节。通过沟通，班主任可以深入了解学生在家庭中的实际情况，从而更加全面地评估学生的情感需求。

定期的家长会是一个很好的沟通平台。在家长会上，班主任可以向家长反馈学生在学校的表现，同时听取家长对孩子的观察和建议。这种双向的沟通有助于班主任和家长共同发现并解决问题。

此外，家访也是与家长深入沟通的一种方式。家访可以更直观地了解学生的家庭环境、家庭氛围，以及学生在家庭中的实际表现。这种面对面的沟通有助于班主任更准确地把握学生的情感需求。

（二）合作育人

班主任与家长的合作育人，是确保情感教育有效实施的关键。只有当学校和家庭形成合力，才能更好地推进情感教育。

班主任可以邀请家长参与学校的各类活动，如课堂观摩、学校庆典等。这样可以让家长更深入地了解学校的教育理念和方法，从而更好地配合学校的教育工作。

同时，班主任还可以为家长提供家庭教育指导，帮助家长更好地理解和实施情感教育。通过分享教育方法和经验，班主任可以为家长提供实际的帮助，使家庭教育和学校教育形成良好的互动。

（三）资源共享

每个家庭都有其独特的资源和优势，班主任要善于利用这些资源，实现资源共享。

例如，邀请有特定职业或兴趣爱好的家长来学校进行讲座或工作坊，让学生接触到更广泛的知识和经验。这种亲身体验的方式，可以让学生更加真实地感受到情感教育的重要性。

此外，组织亲子活动也是资源共享的一种方式。通过亲子活动，学生和家长可以共同参与、共同成长，增进亲子关系，进一步强化家庭和学校的合作与互动。

第三节　情感教育的可持续发展

一、完善情感教育政策与制度保障

（一）制定明确的情感教育政策

制定明确的情感教育政策是确保情感教育可持续发展的关键。政策应该明确情感教育的目标、内容、方法、评估方式等，为学校和班主任提供明确的指导。政策的制定需要考虑以下方面。

明确情感教育的目标：情感教育的目标应该与学生的全面发展相结合，注重培养学生的情感认知、情感表达和情感调节能力。同时，也要关注学生的心理健康和幸福感。

制定情感教育的内容和方法：政策应该明确情感教育的内容和方法，包括课程设置、教学方法、教学资源等方面。同时，也要关注学生的个体差异和需求，制定个性化的教育方案。

建立评估机制：政策应该建立情感教育的评估机制，对情感教育的实施效果进行定期评估和反馈。评估结果可以作为改进和完善情感教育的依据，促进情感教育的持续发展。

通过制定明确的情感教育政策，可以为学校和班主任提供明确的指导，确保情感教育的有效实施。同时，也有利于提高社会对情感教育的认知和接纳度，推动情感教育的全面发展。

（二）加强情感教育的制度保障

加强情感教育的制度保障是确保情感教育顺利实施的重要措施。学校应该建立情感教育的制度保障机制，确保情感教育的实施有章可循。制度保障可以包括以下方面。

制订情感教育的课程计划和教学大纲：学校应该根据学生的实际情况和需求，制订情感教育的课程计划和教学大纲。课程计划和教学大纲应该明确教学目标、教学内容、教学方法、评价方式等，为教师提供明确的指导和依据。

建立评价标准：学校应该建立情感教育的评价标准，对学生的学习成果和教师的教学效果进行定期评估和反馈。评价标准应该注重学生的个体差异和需求，关注学生的全面发展。同时，评价结果可以作为改进和完善情感教育的依据，促进情感教育的持续发展。

加强师资队伍建设：学校应该加强师资队伍建设，培养一支具有专业素养和情感的教师队伍。教师应该具备情感教育的基本知识和技能，能够有效地开展情感教育活动。同时，学校也应该为教师提供必要的培训和支持，提高教师的专业素养和教育能力。

通过加强情感教育的制度保障，可以为学校和班主任提供明确的指导和依据，确保情感教育的有效实施。同时，也有利于提高教师的专业素养和教育能力，推动情感教育的全面发展。

（三）加大对情感教育的投入

加大对情感教育的投入是确保情感教育顺利实施的重要保障。政府和学校应该加大对情感教育的投入，包括人力、物力、财力等方面的投入。投入可以包括以下方面。

设立专门的情感教育师资队伍：政府和学校可以设立专门的情感教育师资队伍，为学校提供专业的指导和支持。这支队伍应该具备专业的知识和技能，能够有效地开展情感教育活动。同时，他们也可以为其他教师提供必要的培训和支持，提高教师的专业素养和教育能力。

提供必要的教学资源和设施：政府和学校可以为学校提供必要的教学资源和设施，如教学设备、图书资料、心理辅导室等。这些资源和设施可以为教师和学生提供必要的支持和帮助，促进情感教育的有效实施。

设立专项经费：政府可以设立专项经费，为学校提供必要的经费支持。这些经费可以用于购买教学设备、图书资料、培训教师等，为情感教育的实施提供有力的保障。

通过加大对情感教育的投入，可以为学校提供必要的人力、物力、财力等方面的支持，确保情感教育的顺利实施。同时，也有利于提高教师的专业素养和教育能力，推动情感教育的全面发展。

二、提升教师情感教育能力培训

（一）加强教师的情感教育理论培训

教师的情感教育理论培训是提高教师情感教育意识和能力的重要途径。通过培训，教师可以深入理解情感教育的内涵和目标，掌握情感教育的基本原理和方法，从而更好地应用于实际教学中。

为了加强教师的情感教育理论培训，学校可以采取以下措施。

制订详细的培训计划：学校可以根据教师的实际情况和需求，制订详细的培训计划，包括培训内容、时间、方式等，确保培训的针对性和实效性。

邀请专家举办讲座：学校可以邀请情感教育领域的专家举办讲座，为教师提供专业的指导和帮助。专家可以分享自己的经验和成果，让教师了解最新的情感教育理念和方法。

组织教师进行交流：学校可以组织教师进行交流，让教师分享自己的情感教育经验和心得，促进彼此之间的学习和成长。

通过加强教师的情感教育理论培训，教师可以更好地理解情感教育的内涵和目标，掌握情感教育的方法和技巧，为学生的全面发展提供更好的支持。

（二）开展教师的情感教育实践培训

除了理论培训外，实践培训也是提高教师情感教育能力的重要途径。通过实践培训，教师可以亲身体验情感教育的过程和方法，更好地掌握情感教育的技巧和策略。

为了开展教师的情感教育实践培训，学校可以采取以下措施。

组织观摩活动：学校可以组织教师观摩优秀教师的课堂教学，让教师亲身体验优秀教师的情感教育方法和技巧，并从中学习和借鉴。

开展实践活动：学校可以组织教师开展情感教育的实践活动，如组织学生开展心理辅导、组织班级活动等，让教师在实践中学习和掌握情感教育的技巧和策略。

建立实践基地：学校可以建立情感教育的实践基地，为教师提供实践场所和资源，让教师在实践中不断探索和创新。

通过开展教师的情感教育实践培训，教师可以更好地掌握情感教育的技巧和策略，提高自己的实践能力和经验，为学生的全面发展提供更好的支持。

（三）建立教师情感教育能力评价机制

建立教师情感教育能力评价机制是激励教师不断提高自己情感教育能力的重要手段。通过评价机制，可以对教师的情感教育能力进行定期评价，评价结果可以作为教师晋升、评优的重要依据；激励教师不断提高自己的情感教育能力。

为了建立教师情感教育能力评价机制，学校可以采取以下措施。

制定评价标准：学校可以根据情感教育的目标和要求，制定具体的评价标准，包括教师的情感教育意识、能力、方法、效果等方面。

定期进行评价：学校可以定期对教师的情感教育能力进行评价，如每学期或每年进行评价。评价可以采用多种方式，如学生评价、同行评价、专家评价等。

建立奖惩机制：根据评价结果，学校可以建立奖惩机制，对表现优秀的教师给予奖励和晋升机会，对表现不佳的教师进行整改和帮助。

通过建立教师情感教育能力评价机制，可以激励教师不断提高自己的情感教育能力，为学生的全面发展提供更好的支持。同时，评价机制也可以为学校提供反馈和指导，帮助学校更好地完善情感教育工作。

三、创新情感教育方式与手段

（一）利用现代技术手段开展情感教育

随着科技的飞速发展，现代技术手段为情感教育提供了更多的可能性。班主任可以利用互联网、社交媒体等平台开展在线情感教育课程，这种新型的教育方式不仅可以突破时间和空间的限制，还可以更好地满足学生的个性化需求。

在线情感教育课程可以包括心理健康、人际交往、自我认知等方面的内容，学生可以根据自己的需求和兴趣选择相应的课程进行学习。同时，班主任还可以利用虚拟现实技术为学生提供沉浸式的情感体验，让学生更加深入地了解自己的情感状态和需求。

这种现代技术手段的应用不仅可以提高情感教育的效果和质量,还可以增强学生的自主学习能力和自我认知能力。同时,班主任也可以通过在线平台与学生进行互动和交流,及时了解学生的情感状态和需求,为个性化情感关怀的开展提供更准确的依据。

(二)结合学科教学开展情感教育

学科教学是学校教育的重要组成部分,也是开展情感教育的重要途径。班主任可以结合学科教学内容,挖掘其中的情感教育元素,将情感教育与学科教学相结合。

例如,在语文教学中,班主任可以注重培养学生的文学素养和审美能力,通过阅读经典文学作品、赏析诗歌散文等方式,让学生感受文学的美感和力量,增强他们的文化自信和民族自豪感。

在数学教学中,班主任可以注重培养学生的逻辑思维和解决问题的能力,通过解决实际问题、开展数学竞赛等方式,让学生体验数学的趣味性和实用性,激发他们的学习兴趣和动力。

这种结合学科教学开展情感教育的方式可以更好地促进学生的全面发展,提高他们的综合素质和能力水平。同时也可以增强学生对学科知识的理解和掌握能力,为他们未来的学习和工作奠定坚实的基础。

(三)开展多样化的实践活动

实践活动是开展情感教育的重要手段之一。学校可以组织学生参加各种实践活动,如社会实践、志愿服务、文化交流等。这些活动可以让学生更好地了解社会、了解他人、了解自己,培养自己的社会责任感和团队协作精神,同时也可以为学生提供更多的情感体验和成长机会。

在社会实践中,学生可以深入社区、工厂、农村等地,了解社会现实和发展状况,培养自己的社会责任感和爱国精神。

在志愿服务中,学生可以参与慈善、环保、社区服务等活动,通过为社会做出贡献,培养自己的奉献精神和团队协作精神。

在文化交流中，学生可以了解不同文化背景下的价值观和生活方式，培养自己的跨文化交流能力和包容心态。

这些实践活动不仅可以丰富学生的课余生活，还可以提高他们的综合素质和能力水平，为他们未来的成长和发展奠定坚实的基础。同时，班主任也可以通过实践活动与学生进行互动和交流，及时了解学生的情感状态和需求，为个性化情感关怀的开展提供更准确的依据。

四、建立长效的情感教育评估与反馈机制

（一）建立定期评估机制

学校作为学生情感教育的主要场所，需要建立一套定期评估机制，以对情感教育的实施情况进行全面、客观的评估。这种评估不仅可以帮助学校了解情感教育的效果，而且还可以发现实施过程中存在的问题和不足，为未来的改进和调整提供参考。

评估内容：评估的内容应该包括学生的情感发展、教师的情感教育能力、情感教育的课程设置等多个方面。其中，学生的情感发展可以从自我认知、人际交往、情绪管理等多个角度进行评估；教师的情感教育能力可以从教师的情感教育理念、情感教育方法、情感教育效果等方面进行评估；情感教育的课程设置可以从课程目标、课程内容、课程实施等方面进行评估。

评估方法：评估的方法应该多样化，包括问卷调查、观察法、个案研究等。其中，问卷调查可以了解学生和教师对情感教育的看法和需求；观察法可以了解学生在情感方面的表现和问题；个案研究可以深入了解个别学生在情感方面的特殊情况和问题。

评估周期：评估的周期应该根据具体情况而定，一般建议至少每学期进行一次全面的评估。同时，可以根据实际情况进行定期的局部评估，如每季度或每个月进行一次特定方面的评估。

通过定期的评估，学校可以全面了解情感教育的实施情况，从而根据实际情况进行调整和改进。同时，也可以通过评估结果了解学生的需求和问题，为个性化情感关怀的开展提供更准确的依据。

（二）建立反馈机制

反馈机制是学校情感教育实施过程中不可或缺的一环。通过反馈机制的建立，可以促进教师和学生之间的交流与互动，增强双方的积极性和参与度，共同推进情感的可持续发展。

反馈对象：反馈的对象应该包括教师和学生。教师是情感教育的主要实施者，他们的反馈可以了解情感教育的实施过程中存在的问题和不足；学生的反馈可以了解他们在情感方面的需求和问题，为个性化情感关怀的开展提供依据。

反馈方式：反馈的方式应该多样化，包括定期的会议、报告、个案讨论等。其中，定期的会议可以了解教师和学生的需求和问题；报告可以详细介绍情感教育的实施情况和效果；个案讨论可以深入了解个别学生在情感方面的特殊情况和问题。

反馈周期：反馈的周期应该根据具体情况而定，一般建议至少每学期进行一次全面的反馈。同时，可以根据实际情况进行定期的局部反馈，如每季度或每个月进行一次特定方面的反馈。

通过反馈机制的建立，教师可以及时了解学生的需求和问题，调整情感教育的方法和策略；学生可以及时了解自己的情感发展情况，为自己的情感发展提供指导和帮助。同时，学校也可以通过反馈机制了解教师的情感教育能力，为教师的专业发展提供支持和帮助。

建立定期评估机制和反馈机制是学校情感教育实施过程中的重要环节。通过这两个机制的建立和应用，可以促进教师和学生之间的交流与互动，增强双方的积极性和参与度，共同推进情感的可持续发展，为学生的全面发展和成长提供更好的支持和帮助。

第八章　情感教育与初中班主任工作的
未来展望

第一节　情感教育的未来趋势

一、情感教育理念的更新与发展

（一）情感教育将更加重视学生的主体地位

在未来的情感教育中，学生的主体地位将得到更加充分的体现。情感教育不再只是单向的灌输和说教，而是更加注重学生的自我实现和自我表达。班主任将更加注重听取学生的声音，理解他们的需求和感受，并以此为依据调整教育方式。

为了实现这一目标，班主任需要转变传统的教育观念，从学生的角度出发，关注他们的情感需求和成长过程。同时，班主任还需要掌握一定的沟通技巧和心理辅导能力，以便更好地与学生建立信任关系，引导他们积极表达自己的情感和观点。

通过这样的方式，情感教育将更加注重学生的个体差异和个性发展，帮助他们建立自信、自尊和自爱，从而更好地适应社会和生活。

（二）情感教育将更注重培养学生的情感能力

未来的情感教育将不仅关注学生的情感状态，还将更注重培养学生的情感能力。情感能力是指个体在情感方面所表现出的能力，包括情绪识别、情感表达、情绪管理、同理心、人际关系处理等方面。

为了培养学生的情感能力，情感教育需要采取多种方法和手段。首先，可以通过课堂教学、主题班会等形式，引导学生了解自己的情绪和情感状态，并学会识别他人的情绪和情感。其次，可以通过心理辅导、心理咨询等方式，帮助学生学会调节自己的情绪和情感，提高情绪管理能力。此外，还可以通过社会实践、志愿服务等活动，培养学生的同理心和人际关系处理能力。

通过这样的方式，情感教育将帮助学生建立积极的情感态度和良好的情感能力，从而更好地应对生活中的挑战和困难。

（三）情感教育将更加融合到其他教育领域

情感教育将更加融合到其他教育领域，如学科教育、道德教育、社会实践等。这种融合将有助于提高教育的整体质量，使学生不仅在知识技能上得到提升，也在情感素质上得到全面发展。

在学科教育中，可以通过引入情感教育的内容和方法，帮助学生更好地理解和掌握学科知识。例如，在语文教学中可以引导学生感受文学作品中的情感内涵；在数学教学中可以引导学生体验数学的美感和乐趣；在科学教育中可以引导学生探索自然界的奥秘和神奇。

在道德教育中，可以通过情感教育的手段和方法，帮助学生树立正确的道德观念和价值观。例如，可以通过角色扮演、情境模拟等方式引导学生体验道德情境中的情感冲突和选择；可以通过案例分析、讨论等方式引导学生思考道德问题的本质和意义。

在社会实践中，可以通过情感教育的参与和实践，帮助学生更好地融入社会和适应社会生活。例如，可以通过志愿服务、社会实践等活动引导学生体验社会责任感和奉献精神；可以通过团队合作、人际交往等方式引导学生形成良好的人际关系和沟通能力。

通过这样的方式，情感教育将与其他教育领域相互融合、相互促进，从而更好地实现教育的整体目标。

（四）情感教育将更加关注学生的心理健康

随着社会压力的增加，学生的心理健康问题日益突出。未来的情感教育将更加关注学生的心理健康，通过心理咨询、心理辅导等方式帮助学生处理情绪问题，提升心理韧性。

为了实现这一目标，学校需要建立完善的心理咨询机制和心理辅导体系。首先，可以设立专门的心理咨询室或心理辅导中心，为学生提供专业的心理咨询和心理辅导服务。其次，可以定期开展心理健康教育和宣传活动，增强学生对心理健康的认识和重视程度。此外，还可以建立心理健康档案和学生心理健康状况监测机制，及时发现和解决学生的心理问题。

同时，班主任也需要具备一定的心理健康知识和心理辅导能力。他们可以通过观察学生的情绪变化、倾听学生的心声等方式了解学生的心理状况；可以通过开展心理健康主题班会、组织心理健康活动等方式帮助学生缓解压力、调整心态；还可以通过与家长沟通合作等方式共同关注和支持学生的心理健康发展。

通过这样的方式，情感教育将更加关注学生的心理健康问题，并积极采取措施加以解决和支持他们的全面发展。

二、情感教育技术的创新与应用

（一）情感教育的技术手段将更加丰富

随着科技的飞速发展，情感教育的技术手段也在不断更新和丰富。其中，虚拟现实技术为情感教育带来了全新的可能性。通过虚拟现实技术，学生可以身临其境地体验各种情感场景，这种沉浸式的体验方式能够极大地增强情感教育的趣味性和实效性。

首先，虚拟现实技术为学生提供了更为真实、生动的情感体验。在虚拟环境中，学生可以亲身体验各种情感场景，如与他人互动、面对挑战等，从而更深入地理解情感的含义和价值。这种体验方式不仅增强了学生对情感教育的兴趣，还提高了他们的参与度和学习效果。

其次，虚拟现实技术为情感教育提供了更为灵活和个性化的教学方式。教师可以根据学生的需求和兴趣，设计不同的情感场景和互动环节，满足不同学生的个性化需求。这种教学方式不仅能够提高教学效果，还能够培养学生的自主学习能力和创造力。

最后，虚拟现实技术还为情感教育提供了更为广泛的教学资源。通过虚拟现实技术，教师可以轻松地创建各种情感场景和互动环节，而不需要受到现实条件的限制。这为教师提供了更多的教学选择和可能性，有助于提高情感教育的质量和效果。

（二）情感教育将更加注重数据分析和实证研究

未来的情感教育将更加注重基于数据分析和实证研究的结果。班主任将通过收集和分析学生的情感数据，了解学生的情感需求和问题，从而制定更有效的教育策略。

首先，数据分析和实证研究将成为情感教育的重要基础。通过收集和分析学生的情感数据，班主任可以更准确地了解学生的情感状态和需求，从而有针对性地制定教育策略。这种基于数据的研究方法将使情感教育更加科学、客观和有效。

其次，数据分析和实证研究将有助于班主任更好地评估和改进情感教育工作。通过对比不同教育策略的效果，班主任可以找出最有效的教育方法，并不断优化和改进教育策略。这种基于实证的研究方法将使情感教育工作更加严谨、系统和可持续。

最后，数据分析和实证研究还将促进班主任之间的交流和合作。通过共享和分析情感数据，班主任可以相互学习和借鉴经验，共同提高情感教育的质量和效果。这种基于数据的交流方式将使班主任之间的合作更加紧密、高效和有成果。

（三）情感教育将更注重教师培训和专业化发展

为了提高情感教育的质量，未来的情感教育将更注重教师的培训和专业发展。班主任将接受系统的情感教育培训，提升自身的情感教育能力和技巧。

首先，系统的情感教育培训将成为班主任专业发展的重要一环。通过专业的培训课程和实践项目，班主任可以深入了解情感教育的理论和实践，掌握有效的情感教育方法和技巧。这种培训不仅有助于提高班主任的情感教育能力，还有助于培养他们的专业素养和职业发展潜力。

其次，专业化发展将成为班主任职业发展的重要方向。随着社会对情感教育的重视程度不断提高，对具备专业素养的情感教育人才的需求也将不断增加。班主任通过接受专业的培训和发展计划，可以不断提升自身的专业水平和竞争力，为职业发展打下坚实的基础。

最后，教师之间的合作和交流也将成为专业化发展的重要途径。通过参加学术会议、研讨会等活动，班主任可以与同行交流经验和心得，共同探讨情感教育的理论和实践问题。这种合作和交流不仅有助于提高教师的专业素养和教学能力，还有助于促进教师之间的合作和发展。

三、情感教育国际化交流与合作的前景

（一）国际化的情感教育交流将更加频繁

随着全球化的进程，不同国家和地区之间的文化交流、教育交流日益频繁。在这样的背景下，国际化的情感教育交流也将成为趋势。班主任作为情感教育的主要实施者，将有更多的机会参加国际会议、学术研讨等活动，与来自不同国家和地区的同行们分享和交流各自的情感教育经验和成果。

这种交流不仅有助于班主任了解国际上最新的情感教育理念和教学方法，还能促进不同文化之间的理解和尊重。通过相互学习和借鉴，班主任可以更好地掌握情感教育的技巧和方法，提高自己的教育水平。同时，国际化的交流还能为班主任提供更广阔的视野和思路，激发他们的创新精神和实践能力。

（二）合作开展情感教育项目将成为常态

在全球化的大背景下，各国之间的教育合作越来越紧密。未来，合作开展情感教育项目将成为常态。通过跨国合作，不同国家和地区的班主任可以共同研究情感教育的理论和实践问题，共享资源、经验和最佳实践。这种合作不仅可以促进情感教育的全球发展，还能推动不同文化之间的交流和理解。

合作开展情感教育项目的方式多种多样，可以包括共同制订情感教育计划、联合开展教学活动、互相学习借鉴教学方法等。通过合作，班主任可以相互启发、相互促进，共同提高情感教育的质量和效果。同时，这种合作还能为班主任提供更多的实践机会和挑战，帮助他们更好地应对复杂多变的情感教育问题。

（三）借鉴国际先进理念和经验为己所用

在情感教育领域，国际上有很多有益的理念和经验值得借鉴和学习。班主任作为情感教育的主要实施者，应该积极借鉴国际上的情感教育理念和经验，

结合本国本地区的实际情况加以改造和创新，为自己的情感教育工作服务。

首先，班主任可以关注国际上最新的情感教育研究成果和趋势，了解最新的教育理念和方法。通过阅读相关文献、参加学术会议等方式，班主任可以了解国际上有益的情感教育理念和经验，为自己的教育工作提供参考和借鉴。

其次，班主任可以结合本国本地区的实际情况，对国际上的理念和经验进行改造和创新。不同的国家和地区有着不同的文化背景和教育环境，因此需要根据实际情况进行调整和改进。班主任可以通过实践探索、案例分析等方式，将国际上的理念和经验与本国本地区的实际情况相结合，创造出适合本土化的情感教育模式和方法。

最后，班主任还需要不断学习和提升自己的专业素养和能力。随着情感教育领域的不断发展变化，班主任需要不断更新自己的知识和技能，以适应新的教育需求和挑战。通过参加培训、研讨会等方式，班主任可以不断提升自己的专业素养和能力水平，更好地服务于学生的情感教育工作。

总之，国际化、合作化、是未来情感教育发展的重要趋势。班主任作为情感教育的主要实施者，应该积极适应这一趋势的发展变化，不断提升自己的专业素养和能力水平，为学生的全面发展做出更大的贡献。

第二节　初中班主任工作的发展方向

一、从管理到引导：班主任角色的转变与拓展

（一）从管理者到引导者的角色转变

在传统的教育观念中，班主任的角色往往被定位为管理者，其主要职责是维护班级纪律，确保学生遵守学校规定，以及处理各种日常事务。这种角色定位在一定程度上限制了班主任的职责范围和教育方式，往往导致学生处于被动接受的状态，缺乏独立思考和自主行动的能力。

然而，随着教育理念的不断更新和学生的个性化发展，班主任的角色需要从管理者转变为引导者。引导者的角色更加注重学生的主体地位，强调班主任应引导学生独立思考、发展个性和促进全面发展。这一转变对于培养具有创新精神和实践能力的新一代具有重要意义。

作为引导者，班主任的主要职责是激发学生的兴趣和潜力，培养学生的自主学习和创新能力。他们需要以开放的心态对待每一个学生，尊重他们的个性和需求，鼓励他们敢于尝试、勇于创新。同时，班主任还需要为学生提供必要的指导和支持，帮助他们解决学习和生活中遇到的问题。

这种角色转变不仅要求班主任具备更高的教育素养和更丰富的教育经验，还需要他们不断更新教育理念和方法，以适应学生个性化发展的需求。通过引导学生独立思考和实践，班主任可以帮助学生建立自信、培养能力，为他们的未来发展奠定坚实的基础。

（二）拓展班主任的角色功能

除了传统的班级管理和纪律维护功能，班主任的角色需要进一步拓展。随着教育理念的更新和学生需求的多样化，班主任需要承担更多的职责和功能。

1.心理咨询师的角色

随着社会压力的增加和心理健康问题的增多，学生的心理健康问题日益受到关注。班主任可以成为学生的心理咨询师，关注学生的心理健康和情感需求。他们需要学习心理学知识，掌握心理咨询技巧，为学生提供心理支持和帮助。通过倾听、理解和引导，班主任可以帮助学生解决心理问题，增强他们的心理韧性。

2.学习指导者的角色

作为学生学习的重要指导者，班主任需要帮助学生制订学习计划、提高学习效率。他们可以提供学习方法、学习策略的指导，帮助学生培养良好的学习习惯和自主学习能力。同时，班主任还可以与学科教师紧密合作，了解学生的学习情况，为学科教师提供有针对性的教学建议。

3.生涯规划师的角色

随着教育对学生未来发展的重视，班主任可以成为学生的生涯规划师。他们需要了解学生的兴趣、优势和职业倾向，引导学生认识自己的未来发展方向。

通过提供职业咨询、实习机会等支持，班主任可以帮助学生做好未来的规划和准备，为他们的职业发展打下坚实的基础。

二、个性化关怀与集体建设的平衡发展

（一）关注学生的个性化需求

每个学生都是独特的个体，具有不同的兴趣、特长和需求。在情感教育中，班主任需要关注每个学生的个性化需求，提供个性化的关怀和支持。这不仅有助于促进学生的全面发展，还能增强他们的自信心和自尊心，提高他们的学习积极性和动力。

为了实现这一目标，班主任需要深入了解每个学生的特点和需求。可以通过与学生交流、观察学生的行为表现等方式，了解他们的兴趣爱好、特长、学习风格和能力特点。同时，班主任还需要根据学生的不同需求，提供个性化的学习建议和辅导。例如，对于学习基础较差的学生，可以提供更多的基础知识和技能训练；对于学习基础较好的学生，可以提供更多的拓展和深化学习的机会。

此外，班主任还可以根据学生的兴趣爱好和特长，提供个性化的活动和项目支持。例如，可以组织各种兴趣小组、社团活动、社会实践等活动，让学生根据自己的兴趣选择参与，从而更好地发挥自己的特长和优势。

通过关注学生的个性化需求，班主任可以更好地满足学生的情感需求和发展需求，促进他们的全面发展。

（二）加强集体建设与团队精神

班级是一个集体，集体建设对于学生的成长和发展具有重要意义。在情感教育中，班主任需要注重加强集体建设，培养学生的团队精神和合作能力。

为了实现这一目标，班主任可以通过组织班级活动、团队游戏等方式，增进学生之间的了解和信任。例如，可以组织班级运动会、文艺汇演等活动，让学生们在共同参与中相互了解、相互支持、相互鼓励。此外，班主任还可以通过制定班级规则、建立班级文化等方式，培养学生的集体意识和责任感。例如，可以制定班级公约、班规等制度，明确每个学生的责任和义务；可以建立班级文化墙、班级网站等平台，展示班级的特色和成果。

同时，班主任还需要注重培养学生的团队合作精神。可以通过组织小组讨论、团队项目等方式，让学生在团队合作中学会分工合作、互相帮助、共同进步。此外，班主任还可以通过引导学生在团队中互相尊重、互相理解、互相支持等方式，培养他们的团队精神和合作能力。

通过加强集体建设和团队精神的培养，班主任可以营造积极向上、团结友爱的班级氛围，为学生的成长和发展提供更好的环境和条件。

三、适应当今时代要求的班主任工作创新与实践

（一）运用现代科技手段提高工作效率

随着信息技术的迅速发展，班主任可以运用现代科技手段提高工作效率。例如，可以利用互联网平台开展远程教育和在线辅导，让学生随时随地获取学习资源；可以利用大数据和人工智能技术对学生的情感状态进行监测和分析，及时发现学生的学习困难和心理问题；可以利用社交媒体等平台与学生进行互动和交流，更好地了解学生的需求和意见。通过现代科技手段的应用，不仅可以提高工作效率，还可以更好地满足学生的需求。

（二）创新教育方法和手段促进学生发展

传统的教育方法和手段已经不能满足学生的需求和发展。班主任需要创新教育方法和手段，为学生的发展提供新的思路和方法。例如，可以采用情境教学法、项目式学习等方式激发学生的学习兴趣和动力，让他们更加主动地参与到学习中来；可以采用合作学习、探究学习等方式培养学生的合作精神和创新能力，让他们在互相帮助、互相学习中共同进步；可以采用心理健康辅导、生涯规划指导等方式关注学生的心理健康和未来发展，帮助他们更好地规划人生。通过创新教育方法和手段的应用，可以更好地满足学生的需求和提高教育质量。

（三）积极参与教育培训和专业发展

班主任的专业素养和情感教育能力是影响初中情感教育与班主任工作的重要因素之一。班主任需要积极参与教育培训和专业发展，提高自己的专业素养和情感教育能力。可以通过参加学校组织的培训课程、研讨会等活动，学习新的教育理念和方法，不断更新自己的教育观念；可以通过参加专业机构组织的

培训课程、工作坊等活动，提高自己的专业技能和实践能力；可以通过阅读相关书籍、文章等方式，不断学习和探索新的领域和知识。通过积极参与教育培训和专业发展，可以更好地适应当今时代的要求和提高工作质量。

（四）加强家校合作，共同促进学生的成长

家庭是孩子成长的第一个课堂，家长是孩子的第一任老师。因此，班主任需要与家长紧密合作，共同促进学生的成长和发展。可以通过定期与家长联系、组织家长会等活动，了解学生在家庭中的表现和问题，及时发现并解决学生在学习和生活中遇到的问题；同时向家长反馈学生在学校的情况，让家长了解学生在学校的表现和学习情况。班主任还可以引导家长正确看待学生的成长和发展，为家长提供必要的指导和建议。通过加强家校合作，可以更好地促进学生的全面发展。

（五）注重班级文化建设，营造良好的育人环境

班级文化建设是班主任工作的重要组成部分。班主任需要注重班级文化建设，营造良好的育人环境。可以通过制定班级规章制度、班风班训等，营造积极向上的班级文化氛围；引导学生树立正确的价值观和道德观念，培养他们的社会责任感和公民意识；组织各种班级活动，如运动会、文艺汇演等，增强班级凝聚力和向心力；培养学生的团队合作精神和集体荣誉感，鼓励他们为班级的整体发展贡献力量。通过班级文化建设，可以为学生营造一个更加良好的育人环境，促进他们的全面发展。

第三节　对情感教育与初中班主任工作的思考

一、加强情感教育与班主任工作的理论研究与实践探索

（一）深入挖掘情感教育的内涵与价值

情感教育是一种关注学生情感体验、情感发展和情感表达的教育方式。在初中班主任工作中，加强情感教育的理论研究和实践探索，有助于深入挖掘情

感教育的内涵与价值。

首先，情感教育关注学生的情感体验。学生的情感体验是他们成长过程中的重要组成部分，包括快乐、悲伤、愤怒、恐惧等。班主任需要关注学生的情感体验，理解他们的感受，帮助他们处理情感问题，促进他们的情感发展。

其次，情感教育关注学生的情感发展。学生的情感发展是他们成长过程中的重要方面，包括自我认知、自我管理、社会认知、人际关系等。班主任需要关注学生的情感发展，引导他们建立积极的情感态度和价值观，培养他们的社会责任感和公民意识。

最后，情感教育关注学生的情感表达。学生的情感表达是他们与外界交流的重要方式，包括语言、表情、动作等。班主任需要关注学生的情感表达，理解他们的情感需求，帮助他们建立良好的沟通方式和表达能力，促进他们的全面发展。

通过深入挖掘情感教育的内涵与价值，初中班主任可以更好地满足学生的情感需求，促进他们的全面发展。同时，也有助于推动教育理念和教育方法的创新和实践，提高教育质量和效果。

（二）探索适合初中生的情感教育模式

初中生正处于身心发展的关键时期，他们的情感世界丰富多彩，同时也存在一定的复杂性和波动性。因此，初中班主任需要探索适合初中生的情感教育模式，关注学生的情感变化和需求，提供有针对性的情感支持和帮助。

首先，班主任需要了解初中生的身心发展特点和情感需求。初中生处于青春期，身体和心理都在发生着巨大的变化，他们面临着许多挑战和压力。班主任需要了解他们的身心发展特点和情感需求，为他们提供有针对性的情感支持和帮助。

其次，班主任需要探索适合初中生的情感教育方法和手段。初中生处于学习阶段，班主任可以通过课堂教学、主题班会、心理辅导等方式进行情感教育。同时，班主任还可以通过组织各种活动、引导学生参与社会实践等方式培养学生的情感表达和情感管理能力。

最后，班主任需要关注学生的个体差异和个性化需求。每个学生的情感需求和特点都不同，班主任需要关注学生的个体差异和个性化需求，为他们提供个性化的情感支持和帮助。

通过探索适合初中生的情感教育模式，班主任可以更好地满足学生的情感需求，促进他们的全面发展。同时，也有助于推动教育理念和教育方法的创新和实践，提高教育质量和效果。

（三）加强班主任在情感教育中的角色定位

班主任是初中教育中不可或缺的一环，他们在情感教育中扮演着重要的角色。因此，需要明确班主任在情感教育中的角色定位，提高他们的情感教育意识和能力，使他们能够更好地引导学生进行情感教育。

首先，班主任需要明确自己的角色定位。班主任是学生的管理者和教育者，同时也是学生的心理辅导师和生涯规划师。他们需要了解自己的职责和使命，为学生的全面发展提供全方位的支持和帮助。

其次，班主任需要提高自己的情感教育意识和能力。他们需要了解情感教育的理念和方法，掌握相关的心理学知识和技能，以便更好地引导学生进行情感教育。同时，班主任还需要不断提高自己的专业素养和教育能力，以适应当今时代的要求和学生发展的需求。

最后，班主任需要积极参与教育培训和专业发展。他们可以通过参加学校组织的培训课程、研讨会等活动学习新的教育理念和方法；可以通过参加专业机构组织的培训课程、工作坊等活动提高自己的专业技能和实践能力；可以通过阅读相关书籍、文章等方式不断学习和探索新的领域和知识。通过积极参与教育培训和专业发展可以更好地适应当今时代的要求和提高工作质量。

（四）加强与其他教育领域的合作与交流

情感教育是一个综合性的教育领域，它涉及学生的心理健康、人格发展、人际关系等多个方面，因此，需要与其他教育领域进行合作与交流，以共同推进学生的全面发展。

首先，班主任可以与其他教师建立紧密的联系，共同研究和探讨适合初中生的情感教育方法和手段，通过互相学习和交流，不断提高自己的专业素养和教育能力。

其次，班主任可以与家长建立良好的沟通机制，了解学生在家庭中的表现和问题，及时发现并解决学生在学习和生活中遇到的问题，同时向家长反馈学生在学校的情况，让家长了解学生在学校的表现和学习情况，共同关注学生的全面发展和社会进步。

最后，班主任可以与社会资源建立联系，组织学生参加各种社会实践活动，如志愿服务社区服务等，让学生在实践中感受社会责任感和公民意识，同时，也可以拓宽学生的视野，增加他们的社会经验和实践能力。

二、提升社会对情感教育与班主任工作的认知与重视程度

（一）加强宣传与推广力度

为了提高社会对情感教育的认知和重视程度，我们有必要加强宣传与推广力度。通过各种渠道和媒体，我们可以让更多的人了解情感教育的意义和价值。

首先，我们可以通过举办讲座、研讨会、展览等活动，邀请教育专家、心理学家、班主任等人士，向公众介绍情感教育的理念、方法和实践案例。这些活动可以吸引广大教育工作者、学生家长和社会公众的关注和参与，提高他们对情感教育的认识和重视程度。

其次，我们可以通过媒体宣传，包括电视、广播、报纸、网络等渠道，对情感教育进行广泛宣传。我们可以制作宣传片、专题报道、访谈节目等，向公众展示情感教育的成果和影响。同时，我们还可以利用社交媒体等新媒体平台，开展线上互动和讨论，扩大情感教育的影响力。

最后，我们还可以通过教育机构、学校等渠道，加强对情感教育的宣传和推广。我们可以组织教育工作者、班主任等人员参加培训、研讨会等活动，提高他们对情感教育的认识和技能。同时，我们还可以在学校开展情感教育实践活动，让学生和家长更好地了解情感教育的重要性。

（二）加强政策支持与引导

政府和教育部门应该加强对情感教育与班主任工作的政策支持与引导，制定相关政策和措施，推动情感教育在初中的普及和发展。

首先，政府可以出台相关政策文件，明确情感教育的目标和任务，为初中情感教育提供政策保障。同时，政府可以加大对初中情感教育的投入力度，提供必要的资金支持和技术支持。

其次，教育部门可以加强对初中情感教育的指导和监督。他们可以组织专家团队对初中情感教育进行评估和指导，确保其科学性和有效性。同时，他们还可以建立监督机制，对初中情感教育的实施情况进行监督和评估，及时发现问题并加以解决。

最后，教育部门可以为初中班主任提供更多的培训和发展机会。他们可以组织培训班、研讨会等活动，提高班主任的情感教育能力和技巧。同时，他们还可以设立专项资金和项目，为初中班主任提供更多的培训和发展机会。

（三）鼓励社会各界参与和支持

社会各界应该积极参与和支持初中情感教育与班主任工作的发展。企业、社会组织和个人可以通过捐赠、志愿服务等方式为初中情感教育提供支持和帮助。同时，可以建立社会监督机制，对初中情感教育与班主任工作进行监督和评估。

首先，企业可以通过捐赠资金、提供技术支持等方式为初中情感教育提供支持。他们可以与学校合作开展情感教育项目，为学生提供更多的实践机会和资源。同时，企业可以为学校提供实习机会和技术支持，帮助学生更好地适应社会和工作。

其次，社会组织和个人可以通过志愿服务等方式为初中情感教育提供帮助。他们可以组织志愿者团队到学校开展心理辅导、家访等活动，帮助学生解决心理问题和家庭问题。同时，他们可以通过为学校提供教学资源、培训教师等方式支持初中情感教育的发展。

最后，建立社会监督机制是确保初中情感教育与班主任工作健康发展的重要保障。社会监督机制可以包括第三方评估机构、公众参与等方式，以此对初中情感教育与班主任工作进行监督和评估。通过社会监督机制的建立和完善可以促进初中情感教育与班主任工作的规范化和科学化发展。

具体来说，社会监督机制可以包括以下方面。

建立第三方评估机构：由专业的评估机构对初中情感教育与班主任工作进行定期评估和检查，确保其科学性和有效性。

加强公众参与：通过公开透明的渠道，让公众了解初中情感教育与班主任工作的进展和成果，鼓励公众提出意见和建议。

建立投诉处理机制：设立专门的投诉渠道和处理机制，对公众的投诉和建议进行及时回应和处理。

强化舆论监督：通过媒体等渠道加强对初中情感教育与班主任工作的舆论监督，促进其规范化和科学化发展。

三、构建良好的情感教育生态，促进学生全面发展与成长成才

（一）营造良好的班级氛围

班级是学生学习和生活的重要场所，也是他们社交和情感发展的重要平台。因此，营造良好的班级氛围对于学生的情感发展具有重要意义。班主任作为班级的管理者和引导者，应该注重班级文化建设，营造积极向上、和谐友爱的班级氛围。

为了实现这一目标，班主任可以从以下方面入手。

首先，建立和谐的师生关系。班主任应该尊重每个学生的人格和个性，关注他们的兴趣和需求，与他们建立良好的沟通和信任关系。同时，班主任还应该注重师生之间的互动和交流，鼓励学生积极参与班级活动和决策。

其次，营造积极的班级文化。班主任可以通过制定班级公约、班规等方式，明确每个学生的责任和义务，培养他们的集体意识和团队精神。同时，班主任可以通过组织各种形式的班级活动和团队建设活动，增进学生之间的了解和信任，营造积极向上的班级文化。

最后，关注学生的情感需求。班主任应该关注每个学生的情感需求和发展，提供个性化的情感支持和帮助。例如，对于学习困难的学生，可以提供更多的辅导和支持；对于情感困扰的学生，可以提供更多的心理支持和帮助。

通过以上措施，班主任可以营造良好的班级氛围，让学生感受到班级的温暖和力量，促进他们的情感发展和学习进步。

（二）关注学生的个体差异与需求

每个学生都是独特的个体，具有不同的情感需求和特点。班主任应该关注学生的个体差异与需求，提供个性化的情感支持和帮助。同时，还可以组织丰富多彩的班级活动和社团活动，让学生展示自己的才华和兴趣爱好。

为了实现这一目标，班主任可以从以下方面入手。

首先，了解每个学生的特点和需求。班主任应该通过观察学生的行为表现、与学生交流等方式，了解每个学生的特点和需求。例如，对于学习困难的学生，可以提供更多的辅导和支持；对于情感困扰的学生，可以提供更多的心理支持和帮助。

其次，提供个性化的情感支持和帮助。班主任应该根据每个学生的特点和需求，提供个性化的情感支持和帮助。例如，为学生提供个性化的学习建议和辅导；为学生提供心理疏导和支持；为学生提供生活上的帮助和支持等。

最后，组织丰富多彩的班级活动和社团活动。班主任可以组织各种形式的班级活动和社团活动，让学生展示自己的才华和兴趣爱好。例如，组织文艺比赛、运动会、科技竞赛等活动；成立音乐、舞蹈、绘画等社团组织；组织社会实践、志愿服务等活动。

通过以上措施，班主任可以关注每个学生的个体差异与需求，提供个性化的情感支持和帮助，促进他们的全面发展。

四、推动情感教育与班主任工作不断向更高水平迈进

（一）加强师资队伍建设

优秀的师资队伍是推动情感教育与班主任工作向更高水平迈进的关键。为了提高初中情感教育与班主任工作的质量和效果，学校应该加强对班主任的培训和发展力度，提高他们的专业素养和情感教育能力。

首先，学校应该建立健全的培训机制，为班主任提供定期的培训课程和研讨会等活动，帮助他们了解最新的教育理念和方法，提高他们的教育能力和情感教育意识。同时，学校还可以邀请优秀的教育人才和专家学者为初中情感教育与班主任工作提供指导和支持，分享他们的经验和见解，促进班主任的专业成长。

其次，学校应该加强对班主任的考核和评价，建立科学的评价机制，对班主任的工作表现和成果进行客观、公正的评价。通过考核和评价，可以激励班主任不断提高自己的专业素养和工作能力，为初中情感教育与班主任工作提供更好的支持和保障。

最后，学校还应该为班主任提供良好的工作环境和条件，关注他们的身心健康和个人发展，为他们提供必要的支持和帮助。通过加强师资队伍建设，可以提高初中情感教育与班主任工作的质量和效果，更好地满足学生的需求和发展。

（二）创新教育方法和手段

随着科技的发展和教育改革的深入推进，传统的教育方法和手段已经不能满足学生的需求和发展。因此，需要不断创新教育方法和手段，利用现代科技手段和互联网资源为初中情感教育与班主任工作提供新的思路和方法。

首先，可以利用互联网平台开展远程教育和在线辅导。随着互联网的普及和应用，远程教育和在线辅导已经成为一种新的教育方式。班主任可以利用互联网平台为学生提供个性化的学习资源和辅导服务，满足学生的不同需求和学习方式。同时，还可以利用网络平台开展在线心理辅导和咨询等活动，为学生提供更加便捷和高效的支持和帮助。

其次，可以利用人数据和人工智能技术对学生的情感状态进行监测和分析。大数据和人工智能技术的应用可以帮助班主任更加准确地了解学生的情感状态和学习情况，为情感教育提供更加科学和客观的依据。同时，还可以利用这些技术对学生的行为进行分析和预测，及时发现和解决学生面临的问题和困难。

最后，可以利用社交媒体等平台与学生进行互动和交流。社交媒体等平台已经成为学生交流和互动的重要渠道之一。班主任可以利用这些平台与学生进行互动和交流，了解他们的需求和意见，及时发现并解决他们面临的问题和困难。同时，还可以利用这些平台开展各种班级活动和社会实践活动等，增强班级凝聚力和向心力，促进学生的全面发展。

（三）加强国际交流与合作

随着全球化的加速发展，加强国际交流与合作已经成为推动教育事业发展的重要途径之一。初中情感教育与班主任工作可以借鉴国际的教育理念和方法，为自身发展提供新的思路和借鉴；同时也可以通过国际交流与合作，促进不同国家和地区之间的文化交流和理解，增进友谊和合作，推动教育事业的发展。

首先，可以组织国际学术交流会议和研讨会等活动，邀请国内外专家学者共同探讨初中情感教育与班主任工作的理论和实践问题，分享经验和见解，促进学术交流和发展。

其次，可以开展国际合作项目，通过共同研究和开发新的教育理念和方法，推动初中情感教育与班主任工作的创新和发展。

最后，还可以加强师生之间的国际交流，通过互派访问学者和留学生等方式，增进不同国家和地区之间的文化交流，增进友谊和合作，推动教育事业的发展。

参考文献

[1]陈惠娟.初中班主任班级管理中情感教育方法的运用[J].科学咨询(科技·管理),2020(9):208.

[2]郑伟秋.初中班主任班级管理中德育工作的探索[J].教学管理与教育研究,2020,5(16):20-21.

[3]任贞.情感教育渗透于初中班主任管理工作的方法探讨[J].智力,2020(3):175-176.

[4]孙浩.初中班主任如何用情感做好班级管理漫谈[J].才智,2020(4):118.

[5]赵璇.初中班主任德育中有效实施激励策略的探讨[J].新课程,2022(2):233.

[6]杨文秀.初中班主任情感教育方法的探讨[J].学周刊,2022(2):161-162.

[7]张婷丽.初中班主任如何用情感做好班级管理[J].新课程教学(电子版),2022(14):173-174.

[8]齐尚英.初中班主任班级管理的创新与实践[J].甘肃教育,2021(15):57-59.

[9]卢景彬.初中班主任通过情感教育组织班级管理活动的方法[J].中学课程辅导(教师通讯),2021(14):111-112.

[10]罗会俊.初中班主任如何用情感做好班级管理[J].学周刊,2023(6):166-168.

[11]李建秀,林振辉.初中班主任优化班级管理的几点尝试与探索[J].中学课程辅导(教师通讯),2021(7):89-90.

[12]李建林.初中班主任情感教育方法的探讨[J].科普童话,2020(19):168.

[13]张天娥.核心素养理念下初中班主任工作路径探索[J].甘肃教育,2023(17):54-56.

[14]缪海燕.初中班主任班级管理路径探析[J].教学管理与教育研究,2023,8(19):35-37.

[15]刘小伟.谈初中班主任如何运用情感做好班级管理工作[J].中华活页文选(教师版),2023(7):184-186.

[16]常天宇.初中班主任情感教育方法的探讨[J].家长,2021(33):35-36.

[17]赵艳红.初中班级管理中的情感教育研究[J].当代家庭教育,2021(16):163-164.

[18]徐玲玲.初中班主任工作中的柔性管理模式实施方法[J].当代家庭教育,2019(27):94.

[19]陈玉亭.初中班主任情感教育方法的探讨[J].科技风,2023(10):10-12.

[20]刘继荣.浅谈在初中班主任工作中渗透心理健康教育的策略[J].甘肃教育研究,2023(6):76-78.